AF453193

TRAICTÉ

DES
SVBSTITVTIONS,

PROPÓSÉ PAR ESPECES,

Interrogats & Réponses.

DIVISÉ EN SIX PARTIES.

Par PIERRE DES ROYS, *Aduocat en Parlement ; natif & habitant de Mont-faucon en Vellay.*

A LYON,

Chez IEAN CHAMPION, Marchand Libraire,
demeurant à la Place du Change.

M. D.C. XXXXIV.

AVEC PERMISSION.

GVILLAVME DE SEVE,

SEIGNEVR DE LAVAL,

Conseiller du Roy en la Seneschaucée,
& Siege Presidial de Lyon.

MONSIEVR,

MIl me souuient qu'vn iour de ces dernieres années, aus-quelles vous auiez à gré que ie fusse auprés de vous, & preniez plaisir de lire quelques recueils que i'ay tiré des Iurisconsultes, traictans la matiere des Substitutions (matiere la plus difficile qui soit en tout le Droict,) vous & moy estans dans les entretiens de l'Histoire & vie

ã 2   d'A

EPISTRE.

d'Alexandre, Roy de Macedoine, vous me diſtes
auoir obſerué par la lecture de cette hiſtoire les differentes humeurs auec leſquelles viuoit ce Monar-
que, & d'icelles vous en priſiez quelques vnes;
aux autres vous ne pouuiez donner voſtre aproba-
tion. Entre ces dernieres vous apportaſtes celle-là
par laquelle il ſe monſtra fort déplaiſant, quand il
ſçeut qu'Ariſtote, ſon Maiſtre, auoit publié les in-
ſtructions que en particulier il luy auoit donné: Hu-
meur (diſiez-vous) plus ialouſe que iudicieuſe, plus
flateuſe que genereuſe, de s'imaginer que luy ſeul
entre tous les mortels fuſt digne (par quelque ſpeciale prerogatiue) de poſſeder ce treſor. Ce diſcours
m'eſt ſouuent venu en memoire, & ſur iceluy i'ay
fait reflexion, notamment depuis quelques mois en
ça que i'ay eu la penſée de donner au public le meſme
Traicté des Subſtitutions que ie vous ay cy deuant
donné, non ſans quelque legere apprehenſion que ſi ie
faiſois cette publicatiõ, ie ne me miſſe en dãger d'en-
courir voſtre diſgrace. Toutesfois ie n'ay pas long-
temps heſité en ce doute : mais ſi toſt que ie me ſuis
ſouuenu du iugement & deſadueu que vous auiez
fait de la trop grande complaiſance de ce Prince, ie
me ſuis veu reſolu à continuer mon deſſein ; & dés
auſſi-toſt i'ay donné congé à ce trauail, le deleguant
premierement deuers vous, MONSIEVR, à fin que
de vous il obtienne la permiſſion d'aller voir ſon
monde,

monde : car ſans cette permiſſion il n'auoit garde
de quitter le cabinet. Secondement, deuers l'Impri-
meur pour ſe ſouſmettre à la cenſure des Zoïles, &
rares eſprits qui viuent dans ce ſiecle ; leſquels ne
ne manqueront de le traicter de dedain, ſouſtenans
(comme c'eſt choſe aduoüée) qu'il y a bien plus de
proffit de feüilleter, & employer le temps apres les
œuures d'vn Benedictus, d'vn Fernandus, d'vn
Graſſus, d'vn Clarus, des ſieurs de Bouques &
Deſpaiſſes, tres doctes & fameux Eſcriuains mes
comprouinciaux, que non pas cét échantillon de doctrine ; lequel ne contient choſe aucune, que beaucoup de perſonnes (non ſans quelque vanité) ne s'i-
maginet de ſçauoir. Encore que ſi de cent Aduocats
(qui auſsi toſt par bon-heur que par merite ſe ſont
acquis ſur le vulgaire quelque legere reputation) il y
en auoit dix poſſedans cette matiere, ce ne ſeroit pas
peu de fait en vne grande Ville, voire Republique ;
& quand bien de ces ſçauans il s'en trouueroit à
milliers, ſi perſonne ne les force de s'ennuyer en la
lecture de ce Liure, pourquoy ſi ennuyeront-ils ? ou
ſi volontiers ils s'y ennuyent, pourquoy s'en plain-
dront-ils ? ne ſçauent-ils pas que l'iniure ne ſe fait
ſinon à celuy qui ne la veut ſouffrir, & non à celuy
qui volontairement eſt iniurié. D'autres enfin qui
ne ſe laiſſeront aller à tel degouſt, aduoüeront (comme ie croy.) que s'il ſe pouuoit faire que des eſprits

ã   3

plus

plus subtils & capables que moy, eussent traicté de
ces questions auec plus d'applaudissement qu'on ne
les verra dans ce liure; aussi se pouuoit-il faire que
d'autres les eussent exposées auec moins d'éclaircis-
sement que ie n'ay pas fait, veu que de chacune
Question que i'y ay remarqué (à la reserue d'vne
trentaine) i'ay tasché d'en figurer vne espece la plus
conuenante qu'il m'a esté possible.   En vn mot, l'a-
ueugle desir que i'ay eu d'obliger le public, m'a porté
à cette pensée, en laquelle le Lecteur qui s'y diuer-
tira, vous en aura toute l'obligation, non à l'Autheur de l'ouurage, qui ne pretend autre satisfaction
que le contentement qu'il aura d'entendre qu'on
vous remerciera d'auoir permis, que l'Oeüure qui
estoit tout vostre, sera commun à tout le monde; &
l'Autheur se joignant au Lecteur, il se flattera de
cette gloire, qu'en lisant la presente, on y appren-
dra le nom,

MONSIEVR, de

Vostre tres-humble & tres-obeïssant
seruiteur,

P. I ES ROYS.

ECTEVR, fi apres auoir eu la patience de donner quelques heures à la lecture de ce Liure, vous
recherchez vous mefme la caufe de n'en faire
pas beaucoup d'eftat, ie diray que ce mépris ne
pourra eftre fondé que fur deux raifons. La
premiere, de ce que l'elegance & termes reffen-
tans les fleurs de Rhetorique, ny auront pas efté obferuées.
La feconde, de ce que vous aurez peu apperceuoir qu'vne bonne
partie des Decifions que i'y ay rapporté, m'ont efté fuggerées par
vn grand nombre de Docteurs qui cy deuant ont écrit : inferant
par là que ce ne feroit pas à l'Autheur à qui la löuange appartiendroit, mais à fes Autheurs, fi tant eftoit qu'il en fuft deu quelqu'vne. A la premiere raifon ie diray & confefferay ingenuëment,
(comme des à prefent j'aduouë)qu'outre que ce n'a efté mon but,
& que ie ne me fuis pas beaucoup mis en peine de rechercher cette
complaifance, la matiere d'ailleurs ne demandoit point d'eftre ex-
pofée auec ces artifices, mais le plus nuëmét qu'il fe pouuoit faire ;
que fi de celle-là ie me fuis acquité me voilà contét, & mon intention fatisfaicte. Au fecond fubjet, fur lequel vous fonderez voftre
mépris, ie diray que par mefme raifon vous en deuez autant faire
d'vn Iean Papon, perfonnage fameux à caufe de fon incroyable
trauail; d'vn Bernard Autumne, celebre pour fes rares écrits; d'vn
François Barry, reconneu en ce fiecle pour homme qui a poffedé
la fcience du Droict : de Meffieurs de Bouques & Defpaiffes, ri-
ches en reputation, acquife par leurs curieufes Obferuations, &
cependant i'ofe bien demander [fans me hotter de jaloufie] qu'a-
uez-vous peu remarquer en leurs œuures qui n'ait efté tiré (quant
au premier) d'vn Speculator, d'vn Barthole, d'vn Balde, Salicer,
Alexandre, Marcus, Guido Pap. Boerius, Mafuerus, de Gallus,
& de du Luc. Quant au fecond, d'où eft-ce qu'il a puifé les do-
cumens, qu'il nous a laiffé, finon d'vn Aufrerius, Briffonius, de
Molineus, de Baquet, de Chopin, Chenu, Maynard, Charondas, Loüet, & Mornacius. Le troifiéme qu'a-il dit qu'on ne life
chez

le mefme Guid Pap. Guillelmus, Benedictus, Fernandus Beren-
garius, Tyraquellus, Couarruuias, Mantica, Petrus Gregorius, Peregrinus, Mafcardus & Menochius. Les quatriéme, & cinquiéme
ont-ils dit quelque chofe, laquelle auparauant qu'ils fuffent au
monde, l'on n'eut leu dans les Efcriuains qui les auoient precedé:
lefquels toutesfois fi vous loüez & les auez en eftime, dautant (di-
tes-vous)que par leurs trauaux ils ont voulu donner au public des
témoignages de leur affection, quel iugement deuez vous faire
de moy, qui n'ay tafché que de les imiter, & faire ce qu'ils ont voulu faire, & qui neantmoins entre toutes les inuentions que ie me
fuis peu imaginer pour faire comprendre les difficultez qui fe rencontrent en la matiere des Subftitutions, n'en ay point trouué de
plus familiere que celle de laquelle vous verrez que i'vfe en tout
le difcours de ce Liure. A tout le moins merite-ie autant de
loüange que feroit vn bouquetier, qui de cent fleurs difpercées en
tout vn grand parterre, en agenceroit vn beau bouquet, agreable
à la veuë, & à l'odorat. Que fi la foibleffe de mon iugement m'euft
fourny vn moyen plus methodique, ie m'en fuffe indubitablement
feruy : Vous pouuez enfin (cher Lecteur) connoiftre qu'en la
publication de cette Opufcule, ie n'ay recherché que voftre contentement, & le defir de vous plaire. Ne me traictez doncq du
pire, puifque ie vous honore tant : & m'affectionnez à l'égal de
la volonté que i'ay de vous feruir.

P E R M I S S I O N.

IE n'empefche pour le Roy que le Liure intitulé, *Traicté des
Subftitutions*, *compofé par* M. *PIERRE DES ROYS, Aduocat*, foit mis en lumiere par le fieur IEAN CHAMPION,
Marchand Libraire, auec les deffences en tel cas requifes & ac-
couftumées. Fait à Lyon le 23. Septembre 1644.

L O R I N.

Soit fait fuiuant les conclufions du Procureur du Roy ; Fait
à Lyon le 23. Septembre 1644.

S E V E.

TRAICTÉ
DES
SVBSTITVTIONS,
CONTENANT LA DECISION
de cent nonante Queſtions.

PREMIERE PARTIE.

De la vulgaire Subſtitution.

QVESTION I.

V'ESTCE que Subſtitution en general? Ie dy que c'eſt vne ſuppoſition, ou ſubrogation de quelque perſonne, ou perſonne en la place de l'heritier, ou heritiers defaillans.

QVESTION II.

En combien de façons peut-il arriuer qu'vn heritier

A   ſoit

ſoit defaillant ; c'eſt à dire qu'il ne ſoit heritier ? Ie dy que
c'eſt en cinq façons. Premiere, Si vn teſtateur croyant que
celuy qu'il veut faire heritier , ſoit en vie lors de ſon teſtament, & neantmoins ſe trouuant decedé,il parle de la ſorte : Ie fais heritier Titius , & ſi Tirius n'eſt mon heritier, ie
fais heritier Seius ; ſuppoſons qu'en ce meſme temps Titius ſoit decedé naturellement ou ciuilement , pour eſtre
Religieux profez,ou pour auoir eſté condamné aux priſons,
galeres , ou exil perpetuel , ne dira on pas que cét heritier
eſt defaillant,par conſequent que la Subſtitution aura lieu?
Secondement , il peut aduenir que ce Titius ſera bien en
vie au temps du teſtament , mais neantmoins le teſtateur
n'eſtant decedé que long-temps apres ſon teſtament, l'heritier luy pourra eſtre predecedé naturellement,ou ciuile-
ment ; & de cette ſorte ne pouuant eſtre heritier , la Subſtitution aura de meſme lieu. Troiſieſme, il peut arriuer
que ce Titius ſera en vie au temps du teſtament, & apres le
decez du teſtateur, & ſera capable d'eſtre heritier, mais il
ne le voudra eſtre, & de cette façon ſera defaillant, & la
ſuſdite Subſtitution aura lieu. Quatrieſme,pourra arriuer
que ce Titius viura apres la mort du teſtateur,& ſera capable d'eſtre heritier, & le voudra eſtre : mais il ne le pourra
eſtre,parce que la conditió,ſous laquelle il aura eſté fait heritier, ne ſera point accomplie de ſon viuant ; & partant
eſtant decedé auparauant l'accompliſſement de la condition, il n'aura peu eſtre heritier,& la Subſtitution aura par
ce moyen lieu en la perſonne du ſubſtitué. Cinquieſme,
peut arriuer qu'vn heritier viura apres la mort du teſtateur,
ſera capable de l'eſtre , le voudra eſtre, & acceptera l'heritage ; mais neantmoins le temps eſtant venu,auquel il aura
eſté prié par le teſtateur de rendre l'heritage,il ne ſera plus
heritier , & ſera dit vn heritier defaillant, auſſi bien qu'aux
quatre premiers cas.

Queſtion

QVESTION III.

Combien y a t'il de fortes de Subftitutions ? Ie dy apres Zafius au traicté *de Subftitut.* & Graff. au §. *Subftitutio.* queft. 3. qu'il y en a de fix fortes ; la vulgaire, la pupillaire, l'exemplaire (que quelques-vns ont appellé Iuftinianée) la reciproque, la compendieufe, & la fideicommiffaire, de chacune defquelles ie feray vn particulier Traicté, commençant par la vulgaire.

QVESTION IV.

Vulgaire Subftitution quelle eft-elle ? C'eft celle laquelle peut eftre faite par toute forte de perfonnes lefquelles peuuent tefter, foit homme ou femme, afcendant ou defcendant collateral, & tout autre eftranger, à toute forte de perfonnes, puberes & impuberes, afcendans & defcendans, collateraux, & tous autres eftrangers, capables & incapables, pourueu que la perfonne fubftituée foit capable de la Subftitution.

QVESTION V.

Quelle raifon a on eu d'appeller cette façon de fubftituer, Subftitution vulgaire ? La raifon fe peut tirer de ce que nous venons de dire, que beaucoup plus de perfonnes la peuuent faire que non pas les autres ; puis qu'vn pere, vne mere, vn fils, vne fille, (pourueu qu'ils puiffent tefter) vn collateral & tout autre eftranger la peuuent faire. Ce qui n'eft pas permis en la pupillaire, car il n'y a que le pere & l'ayeul paternel qui la puiffent faire, & non encore toufiours l'ayeul paternel ; finon lors que fon neueu ou petit fils fe trouue eftre à luy le plus proche en ordre de fuité c'eft à dire au premier rang au regard dudit ayeul paternel:

car si le fils, pere de ce neueu, se trouue au milieu, c'est à
dire entre l'ayeul paternel & ledit neueu, lors l'ayeul paternel ne la peut faire, & à toute autre personne que le pere
& l'ayeul paternel, elle est interdite, comme de mesme l'exemplaire: car il n'y a que le pere & la mere qui la puissent
faire, & nulle autre personne, comme vn descendant à
vn ascendant, ny vn collateral à vn autre collateral; ou
bien elle est ainsi dite vulgaire, parce qu'elle peut estre faite
à plus de personnes que les autres. Par exemple, Vn testateur peut instituer son descendant, son ascendant, ou son
collateral, & luy substituer vulgairement, en disant: Si ce
descendant, cét ascendant, ou ce collateral ne sont mes
heritiers, Seius le soit, ce qui ne peut pas estre dit de la pupillaire, ny de l'exemplaire: car à vn ascendant institué,
ny à vn collateral, le testateur ne peut pas substituer pupillairement, ny exemplairement; c'est à dire, il ne peut
parler de la sorte: Si mon pere, ou ma mere decedent en
pupillarité (car ce seroit improprement parler, & vn discours incompatible, qu'vn ascendant mourût en pupillarité) où en sa folie, Ie substituë vn tel (nonobstant qu'il
puisse arriuer qu'vn ascendant, & vn collateral decedent
fols) peut encore vn testateur qui aura fait heritier vn sien
fils qui est ja Religieux profez, vn sien bastard, vn condamné aux Galeres perpetuelles, parler de la sorte: Si mon
heritier ne veut, ou ne peut estre heritier, ie veux qu'vn
tel le soit; & lors par ce qu'il sera asseuré que ce Religieux,
ce bastard, & ce condamné aux Galeres ne seront iamais
heritiers, des lors (ou du moins des le iour du decés du testateur) ce testamēt nul (quant à l'institution) prendra sa force
de la Substitution. Supposé que le substitué soit capable de
succession, autremēt non: mais à vn Religieux, à vn bastard,
& à vn condamné aux Galeres qui auront esté faits heritiers par vn testateur, ce testateur ne pourra substituer pupillairement, ny dire si ce Religieux, si ce bastard, si ce
condamné aux Galeres decedent en pupillarité, ie substituë vn tel, veu qu'il ne peut estre qu'vn Religieux profez
decede

decede impubere : car il n'y a point de Religieux profez,
ny de condamné aux Galeres , qui ne soyent puberes.
Pour le bastard du testateur, il peut bien arriuer qu'il decedera impubere , mais neantmoins parce qu'il n'est pas en
la puissance de son pere , ce pere ne luy a peu substituer pupillairement , estant ce vne chose tout à fait neces-
saire en vne pupillaire Substitution , que celuy à qui l'on
veut substituer pupillairement , soit en la puissance du testateur en deux temps ; sçauoir au temps du testament , &
au temps du decez du testateur.

QVESTION VI.

N'y a il qu'vne sorte de Substitution vulgaire ? Ie dy
qu'il y en a de deux sortes ; sçauoir, l'expresse, & la tacite:
l'expresse se fait en ces termes : Ie fais heritier Iean, & si Iean
n'est mon heritier (pour ne le vouloir, ou ne le pouuoir
estre) ie substituë Pierre : auquel cas encore que Iean ne
veuille estre heritier , mais repudie l'heritage , il ne laurra
pour cela (estant enfant du testateur) de retenir sa legitime , eu égard au nombre des enfans , & le reste, il luy sera
permis de repudier au proffit du substitué :& pour les do-
nations & prelegats à luy faits autres fois par le mesme testateur , si le fils en repudiant l'heritage les peut retenir,
sera veu cy apres. La tacite vulgaire Substitution est celle
laquelle est comprinse sous l'expresse pupillaire , comme
sera manifesté par cét exemple. Vn testateur ayant vn fils
impubere , cela veut dire qui n'a point l'âge de quatorze
ans , le fait heritier , & dit : Si mon fils decede en pupillarité , ie luy substituë Pierre , il peut arriuer que du viuant
du testateur ce fils qui au temps du testament estoit impube-
be , sera fait pubere ; & ainsi par l'euenement de la puberté aduenu pendant la vie de son pere ; la pupillaire Substitution cessera , d'autant que celuy qui vne fois aura esté
fait pubere ne mourra iamais impubere : mais si le testateur

Ce sont pa-roles de l'Autheur, non du te-stateur.

A 3   demeu

demeurant dans la meſme volonté, decede puis apres ſans
faire autre teſtament , & ce fils auquel auoit eſté ſubſtitué
pupillairement ayant eſté fait pubere ne veut l'heritage de
ſon pere , ou ne la peut auoir pour ſon incapacité , lors le
ſubſtitué ſera receu à demander la ſucceſſion, non en vertu de la pupillaire ſubſtitution (expirée par l'euenement
de la puberté en la perſonne dudit fils) mais en vertu de la
vulgaire tacite , comprinſe ſous l'expreſſe pupillaire.

QVESTION VII.

De quelle vtilité ſera cette tacite vulgaire Subſtitution,
comprise ſous l'expreſſe pupillaire ? Pour reſpondre à cette
queſtion , ſe faudra ſeruir de cette diſtinction , où le ſubſtitué eſt enfant du teſtateur, auſſi bien que l'heritier, ou
non. S'il eſt enfant du teſtateur, & que l'heritier impubere ne puiſſe auoir l'heritage de ſon pere cauſant ſon predecés à celuy dudit pere , lors la perſonne ſubſtituée deſcen-
dante dudit teſtateur, ſera maintenuë en tous les biens delaiſſez par ledit teſtateur à ſon heritier, ſans aucune detraction de legitime, ny de trebellianique ; & auſſi en tous les
biens que ledit heritier auoit d'ailleurs , à luy prouenus
d'autre part que du coſté paternel, à l'excluſion de toute
autre perſonne, meſme de ſa propre mere, femme du teſtateur : Mais ſi ledit ſubſtitué eſt perſonne eſtrangere, ou
collaterale audit teſtateur, & que l'enfant impubere heritier inſtitué vienne à deceder apres ſa puberté , auant ledit
teſtateur, en ſorte qu'il ne puiſſe eſtre heritier, cauſant ſon
predecés , en ce cas ledit ſubſtitué ne pourra demander
que les biens propres dudit teſtateur , & non ceux qui
eſtoient propres audit heritier, prouenus d'ailleurs que du
coſté paternel, **auſquels la** mere dudit heritier , ou autre
ſon plus proche **parent**, ſeront preferées , & non le ſubſtitué. C'eſt ainſi que l'enſeigne a Benedict. lequel eſt ſui-
uy de Zaſius , & de Graſſ. & dit encore que ſi audit heri-

a En matie-
tiere de la

tier

tiet mourant pubere (toutesfois auant le teftateur) furuit
la mere dudit teftateur, lors cette mere eft à preferer,quant
aux biens dudit teftateur,au fubftitué eftranger : & par ce
moyen fera ledit fubftitué eftranger priué de toute vtilité
de Subftitution, tant pour les biens dudit teftateur, que
de l'heritier.

vulgaire Subftitu-tion, nomb. 119. b En la mefme ma-tiere,verf. vltim. effe-Etus. c au §.Sub-ftitutie , q. 12.

QVESTION VIII.

Quels termes doit-on principalement regarder en matiere de Subftitutions ? Ie dy qu'il faut principalement
confiderer fi le teftateur a vfé en fubftituant des mots directs , ou des mots communs , ou obliques : s'il a vfé des
mots propres ou des mots appellatifs, ou mixtes : S'il a
vfé des mots collectifs, copulatifs,ou des mots difionctifs,
d'autant que chacun de ces mots caufe vne grande diuer-
fité. Mots directs font ceux-cy : l'inftituë, ie fais heritier,
ie veux qu'vn tel foit heritier. Mots communs font ceux
cy , Ie fubftituë , ie veux qu'vn tel fuccede , ie veux que
mon heritage appartienne à vn tel. Mots obliques font
ceux-cy, Ie veux que mon heritier rende mon heritage à
vn tel , que mon heritage retourne à vn tel   Mots propres
font ceux-cy, Ie fubftituë Pierre , Iean, François. Mots
appellatifs font ceux-cy, Ie fubftituë à Pierre l'vn de mes
heritiers, mes autres heritiers, fes coheritiers, fes compagnons. Mots mixtes font ceux-cy, Ie fubftituë à Pierre l'vn
de mes heritiers , fes freres. Mots copulatifs , ou collectifs font ceux-cy, Si tous mes heritiers decedent,fi l'vn &
l'autre de mes heritiers , fi nul de mes heritiers, fi ny l'vn
ny l'autre de mes heritiers n'eft heritier. Mots difionctifs
& alternatifs font ceux-cy , Si quelqu'vn de mes heritiers,
fi l'vn ou l'autre de mes heritiers n'eft mon heritier, ie fubftituë vn tel, & de quelle force & quelle energie font chacun de ces mots ; ie le feray voir par exemples.

Queftion

QVESTION IX.

Et pour commencer par les noms propres, ou appellatifs, ie ſuppoſe ceſte queſtion : Vn teſtateur riche de douze cens eſcus a fait Pierre, Iean, & François ſes heritiers
par inégales portions ; ſçauoir Pierre en ſix cens eſcus, qui
ſont ſix onces de l'heritage : Iean en quatre cens eſcus, qui
font quatre onces : & François en deux onces, & puis les
ſubſtituë reciproquement l'vn à l'autre, ſans faire mention
en la Subſtitution des portions exprimées en l'inſtitution.
S'il aduiēt que Pierre qui auoit eſté inſtitué en ſix onces, repudie ſa part, ou bien ne puiſſe eſtre heritier, d'autant qu'il
ſe trouue predecedé audit teſtateur, ou naturellement, ou
ciuilement, que deuiendront ces ſix onces, & comme les
faudra il diſtribuer entre les autres coheritiers? Ie dy qu'il
faut conſiderer ſi le teſtateur a vſé en ſubſtituant des mots
appellatifs, ou des mots propres, ou des mixtes : Si des

mots appellatifs, comme s'il a dit : Si Pierre (l'vn de mes
heritiers) n'eſt mon heritier, ie luy ſubſtituë les autres deux
heritiers : & en ce cas les portions exprimées en l'inſtitution, font cenſées redites en la Subſtitution. De ſorte que de
ces ſix portions que Pierre auoit, Iean qui auoit eſté inſtitué en quatre, en aura quatre : & François qui auoit eſté

inſtitué en deux, en aura *a* auſſi deux : ce que neantmoins
n'auroit lieu, ſi en vne ſeule portion deux ſe trouuoient inſtituez, & puis tous les heritiers reciproquement ſubſtituez.
Comme ſi le teſtateur auoit dit, Ie fais heritier Pierre, &
Claude en ſix onces de mon bien, Iean en quatre onces,
& François en deux : Et ſi Pierre n'eſt mon heritier, ie
ſubſtitue les autres heritiers : car lors ſi Pierre n'eſt heritier,
les ſix portions auſquelles il auoit eſté fait heritier, con-
jointtement auec Claude, n'appartiendront pas à Iean, ny
à François, mais à Claude ſeul : Que ſi ledit Claude auſſi
bien que Pierre repudioit ſa part, lors les ſix portions

com

communes à luy & à Pierre, feroient à diftribuer à Iean & à François, à mefure que chacun auoit eu en l'inftitution : Mais pour dire que la conjonction de fang entre quelques vns des coheritiers opere quelque chofe en faueur des conjoincts, plus qu'en faueur des autres, il ne le faut pas penfer. Partant fi vn teftateur ayant efté marié deux fois, & de chacune de fes femmes ayant deux enfans, faifoit fes quatre enfans heritiers, & les fubftituoit reciproquement l'vn à l'autre en cefte forte : Si Pierre mon fils, & de ma premiere femme, n'eft mon heritier, ie luy fubftitue mes autres trois enfans ; en ce cas fi Pierre repudie, ou ne peut eftre heritier pour quelque caufe que ce foit, ce ne fera pas fon frere germain qui feul luy fuccedera, mais tous fes autres *a* freres confanguins. Que fi le teftateur a vfé des noms propres, comme s'il a dit : Si Pierre n'eft mon heritier, ie fubftitue Iean & François, lors fi Pierre repudie les fix portions aufquelles il auoit efté fait heritier, elles ne feront pas diftribuées aux autres coheritiers, à proportion de ce qui leur auoit efté donné en l'inftitution, mais également : c'eft à dire que des fix portions que Pierre auoit, chacun des autres en *b* prendra trois, laquelle difference des noms propres, auec les appellatifs, eft fort remarquable en matiere de Subftitutions vniuerfelles, mais non aux particulieres : comme feroit entre plufieurs legataires confubftituez tous enfemble, car lors on n'a égard fi le teftateur a vfé de noms propres, comme font Pierre & Iean : ou des noms appellatifs, comme font Legataires, Collegataires : car en tout cas, fi vn de plufieurs collegataires & fubftitués repudie fon legat, ou eft incapable de l'auoir, ce legat appartient à fes compagnons par égales portions, fans auoir égard aux premieres portions *a* leguées : Mais fi le teftateur en fubftituant a vfé des noms propres, & des noms appellatifs tout enfemblement, lors il faut confiderer lefquels de ces deux noms precedent, ou les propres, ou les appellatifs : car fi ce font les propres, comme s'il a dit, Si Pierre n'eft mon heritier, Ie fubftituë Iean & François mes au-

B

tres

pupil. & de la l. 1. Et de impuber. & aliis Subftit.

a C'eft ainfi que l'enfeigne Zaf. en la matiere de la reciproque Subftitut. Et Graff. au §. Subftitut.quaft. 57. Difant Bartol. l'auoir ainfi tenu en la l. Lucius ff. de vulg. & pupil.Et en la l.Rè coniuncti ff.de leg. 3. Et Mayn. au liu.5.c.43.

b Suyuant la difpofition de la l. 24. Nonnunquam ff. ad trebell. Et de la l. 124. Si haeredes ff. de leg. 1.

a Par la l. vnique §. Sed vt ma-

nifeftetur, fur le mot pro virili, C. de cad. toll.

tres heritiers : en ce cas fi Pierre repudie fa part , ou ne la peut auoir pour eftre predecedé , ou pour quelque fienne incapacité , elle eft à diftribuer également entre les autres deux heritiers , fans auoir égard à leurs portions hereditaires : mais fi ce font les appellatifs qui precedent , comme fi le teftateur a dit ; Si Pierre n'eft mon heritier, ie fubftituë les autres heritiers Iean & François : & en ce cas Pierre n'eftant heritier , fa portion fera à diftribuer aux autres deux heritiers , à mefure de ce que chacun auoit eu en l'inftitution. Le mefme en eft-il fi le teftateur n'a vfé ny des noms propres, ny des noms appellatifs, mais des mixtes : comme s'il a dit, Si Pierre n'eft mon heritier, ie fubftituë

a Par la l. 78. Lucius §. maniaff. ad Trebel.

fes freres : car lors les freres fuccedent, eu égard à leurs portions hereditaires *a* & de cette façon eft aifé de conclurre qu'il eft grandement à propos de confiderer de quels termes le teftateur vfe en faifant la Subftitution.

QVESTION X.

Vn teftateur eft decedé, & a laiffé deux heritiers , fçauoir l'vn en deux tiers de fon bien , l'autre en vn tiers , & legué cent efcus à Claude, comme quoy feront payez ces cent efcus, ou également, ou inégalement par les heritiers, quand le teftateur ne s'eft en cela expliqué : faut dire que fi le teftateur a parlé de la forte ; Ie legue cent efcus à Claude, payables par mes deux heritiers , lors celuy qui auoit efté fait heritier en deux tiers de l'heritage , payera les deux tierces portions du legat , & celuy qui auoit efté fait heritier en vne tierce portion dudit heritage , payera de mefme vne tierce portion dudit legat : mais fi le teftateur a vfé de ces termes, payables par Pierre & Iean , lors cefte fomme de cent efcus fera payée par les deux heritiers

b C'eft le fens de la l. 17. Sine à certis ff. de duobus reis ftipulandi.

b également.

QVESTION XI.

Si quelqu'vn par son testament fait heritier Pierre,& luy
substituë simplement Iean, sans condition, & sans traict de
temps, ie demande de quelle substitution a il entendu substituer; faut respondre qu'il a entendu de substituer par la
vulgaire tant seulement,& non *a* par autre : de sorte que si
apres le decez du testateur l'heritier se porte pour heritier,
dés aussi tost toute Substitution est finie, & ne faut pas pen-
ser que aucune autre Substitution ait lieu, encore que par
apres il vienne à deceder sans enfans : car la fideicommissaire n'y sera contenuë. Si toutesfois cét heritier est impubere ou furieux lors du testament,encor que par son tuteur
ou curateur il accepte l'heritage , & que par le moyen de
ceste acceptation la vulgaire Substitution soit finie, tous-
jours l'heritier decedant puis apres en pupillarité, ou en sa
demence, la pupillaire ou exemplaire Substitution tacite
auront lieu , & en vertu d'icelles le substitué pourra demander la possession de l'heritage (non du testateur) parce
qu'elle ayant esté acceptée, n'est plus deuë au substitué,en
vertu de la vulgaire expirée, mais les biens propres de l'heritier decedé impubere , ou *b* furieux.

a par argu-
ment de la
l. 5. post
aditam C.
de impu-
ber. & aliis
Substit.

QVESTION XII.

A vn heritier qu'vn testateur a fait,ont esté substitués Iean
& François, l'vn decede deuant l'heritier ; apres decede
l'heritier (suruiuant l'autre substitué) on demande si ce substitué sera receu à demander tout l'heritage, ou seulement
la moitié : Ie répons en distinguant,où le testateur a dit ainsi , ie fais heritier Pierre , & luy n'estant mon heritier, ie
substituë Iean & François, lors parce que ces deux substituez sont conjoincts en la chose , & aux paroles, le seul
substitué suruiuant peut demander le tout : mais si le testateur a dit , Si Pierre n'est mon heritier ie substituë Iean en

b par argu-
ment de la
mesme l.
Post aditã
C. eod. &
côme l'en-
seigne Zas.
au dernier
chap. de
tout le
Traicté des
Substitu-
tions.

                         mes

mes biens nobles, & François en mes biens roturiers: lors le
fubftitué dernier furuiuant (quiconque foit de Iean, ou Frá-
çois) ne fera receu qu'à demander les biens aufquels il auoit
efté fubftitué, & non les autres. Partant fi c'eft Iean qui foit
le furuiuant, il aura les biens nobles; & fi c'eft François, il
aura les biens roturiers : & des autres biens aufquels le premier mourant auoit efté fubftitué, l'heritier en aura peu
difpofer, ou s'il eft decedé fans en difpofer, ils appartiendront à fes plus *a* proches.

QVESTION XIII.

Vn teftateur inftituë vn fien frere en fes fiefs, & vn autre
fien frere en fes autres biens, à chacun d'iceux (decedant
fans enfans) il fubftituë les enfans d'vn autre fien frere, le
fecond heritier decede auparauant le teftateur, on demande fi le premier heritier luy doit fucceder par droiçt d'ac-
croiftre, ou fi lefdits biens appartiendront aux fubftituez:
Charondas au liu. 7. des Refponf. chap. 160. a refpondu
qu'ils doiuent appartenir aux Subftituez.

QVESTION XIV.

Ie fais heritier Pierre, & s'il n'eft heritier ie luy donne
deux fubftitués, l'vn vulgairement, l'autre fideicommiffairement, en difant : Si Pierre n'eft mon heritier, ie fubftituë
Iean, & s'il l'eft, ie veux qu'il rende mon heritage à François. Pierre n'eft mon heritier, on demande qui des deux
heritiers fera à preferer, ou celuy qui eft vulgairement fubftitué, ou celuy qui eft fideicommiffairement fubftitué:
faut dire que fi Pierre n'eft heritier, par ce qu'il ne le peut
eftre par fon incapacité, ou bien par ce qu'il eft mort
auant le teftateur, lors celuy qui a efté vulgairement fubftitué fera à preferer à celuy qui a efté fideicommiffairemët
fubftitué : mais fi Pierre n'eft heritier (par ce qu'il ne le
veut eftre) lors le fubftitué fideicommiffairement fera à
preferer

preferer, d'autant qu'encore que Pierre ne veuille estre heritier, François qui luy est fideicommissairement substitué,
le contraindra de l'estre, ou à son refus François se mettra
en possession *a* de l'heritage.

QVESTION XV.

Si vn testateur n'ayant aucuns enfans (mais croyant sa
femme enceinte) fait heritier le posthume qu'il espere auoir
de sa femme, & audit posthume (decedant en pupillarité) substituë Pierre, & qu'il arriue que ceste femme ne soit
enceincte, & ne naisse aucun posthume, d'où s'ensuiura
que la pupillaire substitution ne pourra auoir lieu, de quelle vtilité sera cette substitution vulgaire tacite : Ie respons
que le substitué se pourra dire maistre & possesseur de tous
les biens qui auoient appartenu à ce testateur, & par luy
laissez à son posthume, au cas qu'il y en eust, sans aucune
detraction, & ce par deux raisons. Premiere, la preuoyance que le testateur a eu au cas qu'il a exprimé, se doit
estendre au cas qu'il a obmis, quand vray semblablement
il eust ainsi répondu, si de cela il eust esté *b* interrogé. Seconde, quand il est question de faire valoir vne substitution, il la faut faire valoir tant qu'il est possible, comme
l'enseigne Bened. en la matiere de la vulgaire Substit. nom.
99. 100. 101. 102. De là vient, que si vn testateur n'ayant
enfans, mais voyant sa femme enceinte, dit ainsi ; Ie fais
heritier le posthume qui naistra de ma femme, & luy substituë pupillairement Pierre ; supposé que ce posthume ne
naisse point, mais soit tiré en vie du ventre incisé de sa mere, & dés aussi-tost decede, dira on que ce cas qui naistra,
se doit estendre au cas qui sera tiré du ventre de sa mere ?
Il semble que non, parce qu'vne femme ne peut estre dite
auoir enfanté, ny l'enfant estre né, qui a esté tiré du *c* ventre
de sa mere : le contraire neantmoins est decidé, & plus
veritablement en la l. 135. *quæret aliquis*, au mesme tit.
du *Digest.* Sçauoir que l'enfant tiré vif du ventre de

mere

ſa mere , eſt dit eſtre né , partant la Subſtitution aura lieu.

QVESTION XVI.

Quelqu'vn a ainſi diſpoſé ; Ie fais heritier mon frere , & s'il decede ſans enfans ie ſubſtituë mon plus proche parent quiconque ſoit de ma famille : le frere accepte l'heritage, & decede ſans enfans , vn couſin germain du teſtateur pretend que l'heritage luy doit appartenir , comme ne ſe trouuant aucun qui ſoit plus proche que luy , & decede encor ſans enfans , mais il diſpoſe : on demande s'il a peu diſpoſer , ou ſi quelque autre plus proche apres luy peut encore pretendre la Subſtitution, Charond. au liu. 9. des Reſponſ. chap. 34. dit que non , & qu'il ſuffit qu'apres le decez de l'heritier, la Subſtitution ait eu vne fois lieu en la perſonne dudit couſin germain , & que nul autre ny peut pretendre.

QVESTION XVII.

Titius donne à Pierre la moitié d'vne ſienne terre , & à François l'autre moitié , à condition que ſi les donataires decedent ſans enfans naturels & legitimes, ladite terre retournera au donateur & aux ſiens : Pierre decede ſans enfans auparauant le donateur , qui peut pretendre en la moitié , laquelle luy auoit eſté donnée, ou le donateur (qui eſt ſuruiuant) ou les autres donataires, le donateur dit que c'eſt luy qui y peut pretendre par le droict de reuerſion : les autres donataires diſent que ce ſont eux,en vertu du droict d'accroiſtre , & ſe fondent en ce qu'en la condition de la reuerſion y a clauſe conceuë en termes collectifs & copulatifs ; ſçauoir ſi leſdits donataires decedent ſans enfans, ce qui n'eſt arriué (d'autant qu'il y en a encore deux) ſçauoir Iean & François : & auſſi ſur ce terme, ladite terre retournera au donateur , & non portion d'icelle , par leſquelles deux clauſes appert que l'intention du donateur eſtoit, que

la par

la part du defaillant accroiſtroit aux autres, & que le droict
du retour ne deuroit auoir lieu , ſinon quand tous les donataires ſeroient decedez ſans enfans, & non deuant, ny pour
la part de chacun d'iceux : le donataire repart que c'eſt vn
cas auquel le pluriel nombre ſe reſout en pluſieurs ſingu-
liers , & que la reverſion doit auoir lieu à meſure que quelqu'vn des donataires defailliroit , *a* & pour ceſte raiſon il
gaigna ſa cauſe à Paris, comme dit Charond. au liu. 8. des
Reſponſ. chap. 50. le meſme fut iugé à Tholoſe , comme
dit Maynard, au liu. 8. chap. 72.

a par la l.
33. falſo §.
fin. ff. de
condit. &
demonſt.

QVESTION XVIII.

Si vn pere inſtituë deux ſiens fils , & au cas que les deux
viennent à deceder ſans enfans , ſubſtituë vn eſtranger; arriue que les deux decedent; mais l'vn d'eux (ſçauoir le
premier) laiſſe des enfans , & l'autre n'en laiſſe point : on
demande qui ſera à preferer en la portion de celuy qui eſt
decedé ſans enfans, ou les enfans du premier frere decedé,
ou le ſubſtitué : Ie dy que ce ſeront les enfans du frere decedé , d'autant que pour donner lieu à la ſubſtitution , il
failloit que les deux fils fuſſent decedez ſans enfans , ce
qui n'eſt arriué , & en vertu de ces mots , les deux; leſquels
ſont *b* collectifs.

b c'eſt la
deſicion de
la l. 5.
haredes
mei §.
cum ita ff.
ad trebell.

QVESTION XIX.

Vn teſtateur fait deux heritiers , Pierre & Iean , puis il
dit : Si Pierre n'eſt mon heritier, Iean le ſoit, & ſi Iean n'eſt
mon heritier, ie ſubſtituë François. Pierre premier inſtitué
n'eſt heritier pour ne le vouloir , ou ne le pouuoir eſtre,
cauſant ſon incapacité , ou predecés au teſtateur; Iean repudie encore l'heritage , on demande ſi François qui n'a
eſté ſubſtitué qu'à Iean , & nullement à Pierre , aura tout
l'entier heritage , ou ſeulement la moitié non acceptée , &
repudiée par Iean : Ie répons qu'il doit auoir le tout , &
ine

me fonde ſur la l. 27. *Si Titius* , & ſur la l. 41. *cohæredi ff. de vulg. & pupill.* & la raiſon encore de cela eſt, que dés auſſi toſt que Pierre n'a voulu , ou n'a peu eſtre heritier, ſa portion par vn droict d'accroiſtre a eſté tellement joincte à celle de Iean , que par apres on ne les *a* peut ſeparer : d'ailleurs qu'vn ſubſtitué au ſubſtitué , eſt ſubſtitué à l'inſtitué; autant en eſt-il de cette eſpece : Vn teſtateur fait deux heritiers, Pierre & Iean, à l'vn deſquels (ſçauoir à Pierre) il ſubſtituë vn tiers , & non à l'autre : Iean auquel n'a point eſté ſubſtitué decede le premier,& auant le teſtateur, puis apres le teſtateur decede ſans auoir changé de diſpoſition ; & enfin Pierre auquel auoit eſté ſubſtitué , on demande ſi ce tiers ſera receu à demander les deux moitiez de l'heritage, ou ſeulement celle de Pierre , & par le Iuriſconſulte *b* Iabolemus a eſté répondu qu'il pourra demander le tout : autant en dit Bened. en la matiere de la vulgaire Subſtitut. nom. 117.

a par la l. 7. Quid erg. §. penul. ff. de contr. & util. act. tut. en ces mots , connexum probatua.

b en la l. 39. cum ex filio §. fin. ff. de vulg. & pupil.

QVESTION XX.

Vn homme diſpoſe en ceſte ſorte : Si Pierre qui eſt mon plus proche parent *ab inteſtat* , ne veut ou ne peut eſtre mon heritier, ie deſire qu'vn tel le ſoit : on demande ſi cette diſpoſition eſt bonne en forme de teſtament, n'y ayant point de formelle inſtitution , mais ſeulement Subſtitution. Semble d'abord par le texte de la l. 8. *Si quis ita hæres ff. de hæred. inſtit.* & par argument de la l. 8. *Conficiuntur ff. de iure codicillor,* que cette diſpoſition eſt bonne en forme de teſtament , encore qu'il n'y ait point d'inſtitution : car s'y trouuant Subſtitution, le teſtateur a voulu ce ſemble teſter & donner commencement à ſon teſtament par le degré de Subſtition, neantmoins Guilel. Bened. ſur le mot *adiiciens vt alterocha nom.* 27. dit que pour vn fils du teſtateur nullement inſtitué par ſon pere , mais à qui ledit pere a ſimplement ſubſtitué , cette diſpoſition ſeroit deffectueuſe , & la ſucceſſion *ab inteſtat* auroit lieu. Ledit Bened. en apporte

vn arreſt de Tholoſe , à quoy ſert la l. 19. *ex facto* , & la l.
27. *Si quis ita ff. de hæred. inſtit.* & ainſi le tiennent *a* Clarus
b & Graſſ.

QVESTION XXI.

Vn heritier auquel aura eſté ſubſtitué vulgairement (c'eſt
à dire au cas qu'il ne ſoit heritier) ne vengera point la mort
du teſtateur qui aura eſté occis , & pour cette cauſe ſera
iugé indigne de l'heritage , on demande qui ſera à preferer
en cét heritage , ou le fiſque ou le ſubſtitué : le texte de la
l. 15. *Si ſequens ff. ad Senatuſc. Sillanian.* dit que ce ſera le
fiſque ; Zaſius au contraire tient que ce *c* ſera le ſubſtitué,
auec de tres bonnes raiſons.

QVESTION XXII.

Vn homme n'ayant enfans , mais croyant ſa femme enceinte , fait ainſi ſon teſtament : Si ma femme accouche
d'vn fils, ie le fais heritier : ſi c'eſt d'vne fille ie fais heritier
Iean, mon couſin germain , & à ma fille ie legue vne telle
ſomme pour ſa legitime : Il arriue que la femme n'eſtant
enceinte ne fait ny fils ny fille ; Iean dit qu'il ne laiſſe d'eſtre heritier , encore que point de fille ne ſoit née , & demande la poſſeſſion de l'heritage. Vn oncle du teſtateur
plus proche parent, *ab inteſtat*, que le couſin germain s'oppoſe , & dit que le cas auquel Iean auoit eſté inſtitué , ſçauoir ſi la femme accouchoit d'vne fille , n'eſt point arriué,
partant Iean n'eſt appellé à l'heritage : car ce cas , ſi vne
fille naiſt , ne peut pas comprendre , ny s'eſtendre à vn cas
diſſemblable , ſi vne fille ne naiſt : au contraire le doit re-
jetter : car il n'y a rien de ſi different que ces deux diſcours,
Si vne fille naiſt , & ſi vne fille ne naiſt , l'inſtitué au contraire ſouſtient l'inſtitution , & dit : que ſi le teſtateur encore qu'il euſt eu vne fille , ne laiſſa pour cela de le faire
heritier à l'excluſion de cette fille , à plus forte raiſon l'eut-

---

a *au §. Te-
ſtamentum
quæſt. 35.*
b *au §. In-
ſtit. quæſt.*
17.

c *c'eſt en la
matiere de
la vulgaire
Subſtitut.
verſ. in
quarto effe-
ctus.*

il inftitué s'il eut peu preuoir qu'il n'en d'euft point auoir;
Et pour cette raifon Zafius, *a* Graffius,*b* & Monfieur Maynard *c* ont conclud en faueur de l'inftitué.

QVESTION XXIII.

Cette extenfion neantmoins de laquelle fe veut feruir
l'inftitué, ne fe doit faire, quand par icelle il s'agit d'exclurre vne perfonne laquelle on prefume auoir efté aymée
par le teftateur, où en laquelle le nom & les armes de la
maifon du teftateur font conferuées. Par exemple, Vn teftateur n'ayant enfans, fait heritier le premier enfant mafle
qui naiftra de fa femme, & à celuy là decedant fans enfans, il fubftituë fa femme, que fi point de mafle ne naift
de fa femme, mais feulement des filles, en ce cas il fait
heritier fa femme, & à fon propre frere legue cinq efcus :
arriue qu'apres le decez du teftateur la veufue ne fait ny
fils ny fille : la queftion eft grande entre cette veufue, & le
frere du teftateur ; car la veufue fe dit heritiere par la raifon deduite en la precedente queftion : Sçauoir, que fi fon
mary l'a fait heritiere (encore qu'il y eut vne fille) à plus
forte raifon l'a-il inftituée, au cas qu'il n'y en euft point.
Le frere au contraire dit que la condition exprimée en l'inftitution de la femme n'eft point arriuée : car elle eftoit heritiere au cas qu'elle fift vne fille, ce que n'eftant aduenu,
elle ne doit eftre heritiere ; mefmes quand il eft queftion en
faifant cette extenfion d'exclurre vn frere du teftateur en
la perfonne de qui le nom, & les armes de la maifon feront
conferuées ; & pour cette raifon foûtient que la voye
d'ab inteftat eft ouuerte à fon profit, comme eftant fon
plus proche parent : Ancharanus en fon Confeil 353.don-
ne gaigné à ce frere.

QVESTION XXIV.

Vn teſtateur fait heritier le premier enfant maſle qui
naiſtra de ſa femme, & à ce premier enfant ſubſtituë le ſecond, & à ce ſecond (s'il decede ſans enfans) ſubſtituë ſon
propre frere : il decede, & de la veufue ne naiſt qu'vn ſeul
poſthume, qui puis apres decede en pupillarité : la veufue,
mere de ce poſthume demande à ſucceder à ſon enfant, au
preiudice du frere du teſtateur ſubſtitué, ledit ſubſtitué dit
qu'il y a lieu à la ſubſtitution, parce qu'encore qu'il n'ait eſté
ſubſtitué qu'au ſecond poſthume que le teſtateur eſperoit
auoir , & que cela ne ſoit arriué , neantmoins l'extenſion ſe
doit faire d'vn cas à l'autre, auquel vray ſemblablement le
teſtateur (s'il eut penſé ne deuoir auoir qu'vn poſthume) eut
auſſi bien ſubſtitué ſon frere, comme il auoit fait à deux : la
mere replique que auparauant que donner lieu à la ſubſtitution, il eſt neceſſaire que la condition ſous laquelle elle
eſt faite s'accompliſſe ſpecifiquement, ce qui n'eſt pas arriué, veu qu'il n'eſt nay qu'vn poſthume , & non deux ; &
pour cette raiſon *Ioann. Andr. en l'addit. de Speculator,*
tit. de teſtamentis, a autresfois donné ſon opinion en faueur
de la mere, ce qui ſemble contraire à ce que ſur la fin de la
precedente queſtion a eſté decidé : mais il faut dire qu'entre ces deux deciſions n'y a point de contradiction, puiſque
les eſpeces ſont differentes , & qu'en la premiere deciſion
il s'agit d'exclurre la femme du teſtateur (decedé ſans enfans) des biens propres dudit teſtateur, & de fauoriſer ſon
frere , en quoy n'y a rien de ſi iuſte : & en la derniere deciſion s'agit d'exclurre la mere propre des biens de ſon enfant , & fauoriſer le frere du teſtateur , oncle dudit enfant,
ce qui ſeroit fort iniuſte.

QVESTION XXV.

Vn heritier auquel aura eſté ſubſtitué vulgairement
C 2

ayant

ayant des enfans , ne voudra l'heritage , ou ne la pourra auoir , parce qu'il se trouuera decedé auant le testateur ; laissant neantmoins lesdits enfans , on demande qui sera preferé , ou ces enfans , ou le substitué , il y a des raisons de part & d'autre , mais en fin l'opinion de ceux qui tiennent que les enfans de l'heritier repudiant , ou ne pouuant estre heritier , sont à preferer , est la plus asseurée , ainsi que l'enseignent *a* Zasius , *b* du Moulin , *c* Graff. & *d* Char , pour lesquels fait l'axiome vulgaire , lequel dit que , *vbi pater noluit succedere , incipit hæreditas ad filios pertinere* , duquel axiome est parlé en la l. 1. *ff. de succeff. edicto.*

QVESTION XXVI.

Nous auons cy dessus dit , que si le testament contenant institution & substitution , ne sort son effet quand à l'institution par la faute de l'institué, qui ne veut ou ne peut estre heritier causant son predecez à celuy du testateur , ou bien à cause de quelque autre sienne incapacité : comme s'il est bastard, ou condamné aux galeres; lors le mesme testament prend son effect du degré de Substitution : mais si ce defaut prouient de la faute du testateur , qui au lieu d'instituer ou substituer son enfant propre, l'a laissé en oubly , ou exheredé sans cause , & a institué vn estranger , & substitué vn autre estranger , lors le testament n'aura son effect ny quant à l'institution , ny quant à la Substitution ; parce que si l'enfant oublié , ou iniustement exheredé insiste à la nullité du testament, ce n'est pas pour procurer le bien de l'institué, ny du substitué , mais le *e* sien : que si l'enfant se trouue oublié en l'institution , mais que de luy soit fait mention en la Substitution : comme si le testateur ayant vn fils a dit, le fais heritier mon frere , & luy substituë mon fils ; en ce cas le testament prendra sa force de la Substitution, l'ayant perdu quant à l'institution , en vertu de laquelle Substitution le fils se pourra dire *f* heritier. Surquo y neantmoins faut voir Guid. Pap. Ranch. & Ferrier, en la quest. 556. ap-

portans

a an traicté de la vulgaire Subftit.verf. in 3. *cafu , & verf.*
b *En l'addition d'Alexan. conf.* 17. *vol.* 3.
c *au* §. *Suitas. quaft.* 10.
d *au liu.* 3. *des pand. chap.* 11.

e ainfi qu'il eft decidé en la l. penult. & là Bart. ff. de iniufto,rup. teftam.
f *par la l.* 3. *fur la fin ff. de liber.*

portans cette espece : Vn testateur ayant vn fils, fait heritiere sa femme, & dit. Lors que ma femme decedera, i'instituë mon fils, lequel ie substituë à ma femme ; de sorte
que le fils se trouue institué & substitué. Fut iugé à Grenoble, que ce testament estoit bon, à cause de ce mot, i'instituë mon fils, & sans respect ny du temps, ny du delay,
apres le decez de la femme le fils fut iugé auoir esté purement institué en quatre onces, qui estoit sa legitime, & la
femme en huict onces, faisant les deux tierces portions de
l'heritage, ce fut suyure la disposition de la l. 36. *Scimus* §.
cum autem, C. de inoff. testam.

QVESTION XXVII.

Vn testateur fait heritier Pierre,& puis dit : Si Pierre decede sans enfans, ou sans testament, ie substituë Iean : on
demande si cette façon de parler est disioincte, ou conioin-
te,sans auoir égard à cette particule, ou,laquelle est dision-
ctiue, c'est à dire, s'il faut que pour donner lieu à la Substitution de Iean, les deux conditions de deceder sans enfans, & sans testament soient accomplies ; & que Pierre
decede non seulement sans enfans, mais encore sans testament, ou s'il suffit que l'vne de ces conditions arriue : Ie
respons qu'il faut que les deux conditions arriuent auant
que Pierre se puisse dire substitué. De sorte qu'encore que
Pierre décede sans enfans, si neantmoins il fait testament
au profit de quelque autre que de Iean, ce Iean se verra ex-
clus de la Substitution, par la l. *generaliter C. de institut.*
& substit. mais en cette question d'autres Docteurs, comme *a* Mayn. *b* Charond. *c* du Vest, *d* la Roche,& *e* Bouchel
apportent cette distinction, ou le substitué est enfant du
testateur ou non : s'il est enfant du testateur, & que le testateur ait dit, Ie fais heritier Pierre, lequel decedant sans
enfans, ou sans testament, en ce cas ie substituë Iean, lors
aussi tost que Pierre sera decedé sans enfans, bien qu'il ait
fait testament, ce testament n'empeschera pas que la sub-

C 3　　sti

& postb. & la l. 43. ex facto §. *Lucius ff. de vulg. & pill. & la l. 75. Si filius ff. de hæred. instit.*

a au liu. §. *c. 38. b au liu. 10. des Responses, c. 85. c Arr. 86. d Sur le mot testam. Arrest 4. e au 3. Tom. de sa Biblioth. sur le mot substitutions, par deux Arrests.*

ſtitution n'ait lieu en faueur de Iean , & ainſi ſuffit qu'v-
ne condition ſoit arriuée contre la diſpoſition de la la loy
generaliter , s'il n'eſt pas enfant du teſtateur,mais eſtranger:
lors cette diſionctiue ſe tourne en copulatiue , & faudra
que Pierre ſoit decedé non ſeulement ſans enfans, mais encore ſans teſtament , auant que donner lieu à la ſubſtitution de Iean , conformement à ladite loy : mais ſi le teſtateur auoit vſé de conionction copulatiue, comme s'il auoit
dit : ſi Pierre decede ſans enfans & ſans teſtament , ie ſubſtituë Iean , en ce cas ſi Iean eſtoit enfant du teſtateur,cet-
te copulatiue ſe tourneroit en diſionctiue , & ſuffiroit pour
donner lieu à la ſubſtitution de Iean , que Pierre fut decedé ſans enfans, encore qu'il eut fait teſtament : mais ſi Iean
eſtoit eſtranger au teſtateur , lors il faudroit que les deux
conditions arriuaſſent auant que donner lieu à la ſubſtitution; Partant ſi Pierre (decedant ſans enfans) auoit neantmoins fait teſtament , ce teſtament ſeroit cauſe que la ſubſtitution n'auroit lieu.

QVESTION XXVIII.

Si quelqu'vn dit ainſi en ſon teſtament : Si ie n'ay point
de fils ou de fille, ie veux que Titius ſoit mon heritier ; la
femme du teſtateur accouche d'vn fils , & non pas d'vne
fille : ou bien d'vne fille, & non pas d'vn fils , ie demande
ſi le defaut de ce fils , ou de cette fille donnera lieu à l'inſtitution de Titius, d'autant que l'vne des conditions alter-
natiues ſera arriuée; Ie dy que non,mais qu'il faut que toutes les deux conditions defaillent , & en cette façon la
diſionctiue eſt conuertie en *a* copulatiue.

a par la l.
8. *Si iis
qui depoſi-
tam* § *fin.*
ff. de reb.
dub.

QVESTION XXIX.

Vn teſtateur a vn fils , & de ce fils des nepueux ; ce teſtateur fait heritier ſon fils & ſes enfans, on demande ſi ces
enfans (nepueux du teſtateur) ſont inſtituez en meſme
temps

temps auec leur pere , pour iouyr enfemblement de l'heritage, ou feulement apres luy par vn ordre fucceffif, ou bien
s'ils ne font que fubftituez : Ie répons qu'ils ne font inftituez ny en mefme temps ny par ordre fucceffif, mais feulement fubftituez à leur pere ; & ce par vne fubftitution vulgaire tant feulement : de forte que fi leur pere a vne fois
accepté l'heritage, des auffi toft toute fubftitution eft expirée, & ny a plus d'efperance pour eux qu'ils s'en puiffent
preualoir, mais ledit pere a toute liberté de difpofer de
cét heritage comme bon luy femblera. C'eft l'opinion de
Graff. au §. *Suitas, quæft.* 4. & au §. *Subftitut. quæft.* 8. où il
dit en eftre de mefme quand le teftateur auroit ainfi
parlé : Ie fais heritier mon fils & les fiens , & les fubftituë
reciproquement : car telle Subftitution reciproque n'a force que d'vne vulgaire Subftitution, laquelle ceffe auffi toft
que le fils s'eft porté pour heritier. Ledit Graff. cite là
deffus Bart. en la l. *Lucius ff. de vulg. & pupill.* autre chofe
feroit fi le teftateur auoit ainfi parlé : Ie fais heritier mon
fils enfemble fes enfans, ou bien auec fes enfans : ou bien
ie fais mon fils & fes enfans heritiers : car en ces trois dernieres façons de parler les enfans du fils feroient également & en mefme temps inftituez auec leur pere a, le contraire neantmoins du dernier de ces trois cas, femble auoir
efté iugé à Paris, comme dit b Charondas, apportant cette
efpece. Vn pere ayant inftitué fa fille & les enfans iffus
d'elle fes heritiers , fans autrement les fubftituer , aduint
qu'apres le decez de ce teftateur cette fille maria vne fienne
fille , & luy fit renoncer à la fucceffion future , & à tous
droicts qu'elle pouuoit pretendre , apres le trefpas de la
mere : y eut procez entre cette fille & fes freres , car elle
foutenoit qu'elle eftoit appellée à la fucceffion de fon ayeul
par tiltre d'inftitution auec fa mere : & fes freres difoient
que ce ne pouuoit eftre (en le prenant au pis) que par ordre fucceffif , auquel droit elle auoit d'ailleurs renoncé :
Par cette raifon cette fille fut deboutée de fes pretentions.

a *Selon Bart. en la l. Gallus, §. quidem rectè ff. de liber. & pofthum.*
b *au liu. 7. des Refp. chap.* 67.

Queftion

QVESTION XXX.

Vn testateur n'ayant enfans fait heritier vn fils de famille estranger, & luy substitue vulgairement vn autre estranger, en disant : Si ce fils de famille que i'ay fait heritier, ne
veut estre mon heritier, Seius le soit : le fils repudie l'heritage, on demande qui sera à preferer, ou le pere de cét heritier repudiant, ou le substitué : d'vne part & d'autre y a
des raisons, & de diuerses opinions, la glos. Bart. *a* Ias. &
Grass.*b* tiennent que ce sera le pere de l'heritier, & alleguent
pour cela ledit §. *Simili modo*, où est dit, que puis qu'vn
fils de famille est institué heritier, c'est autant que si son
pere (qui auec son fils ne sont qu'vne mesme personne) auoit
esté institué : doncques puis que le pere est institué, il doit
estre preferé à celuy qui n'est que substitué ; d'ailleurs le pere dit que son fils ne peut faire cette repudiation à son preiudice, puis qu'il doit auoir l'vsufruict sur les biens acquis
à son fils : pour le substitué on apporte cette premiere raison, pour monstrer qu'il doit estre preferé au pere de l'institué : quiconque est appellé par l'expresse prouision du testateur, doit estre preferé à celuy qui n'est appellé que par
la prouision de *c* la loy : mais le substitué est appellé par
l'expresse prouision du testateur, & le pere de l'institué n'est
appellé que par la disposition de la loy, doncques le substitué appellé par l'expresse prouision du testateur, doit estre
preferé. Seconde. Si le fils repudiant auoit vn coheritier,
ce coheritier exclurroit le pere par vn droit d'accroistre :
mais si auec ce coheritier il auoit aussi vn substitué, ce substitué exclurroit ce *d* coheritier : doncques puis que le substitué exclud le coheritier, & le coheritier exclud le pere,
à plus forte raison le substitué doit exclurre le pere, par la
regle, *Si vnico vincentem te, &c.* Et de cette derniere opinion ont esté *Petr. Gregor.* au liu. 42. chap. 15. Pap. au 1.
Tome des Notaires, tit. des Substitutions, vers. la difficulté
est, & Fachin au liu. 4. des Controuerses, chap. 63.

Question

a en la loy
derniere, §.
*Simili mo-
do C. de
bon que
l'her.*
b au § *Sub-
stitutio,
quæst.* 9.
c par la loy
39. *cum ex
filio §.* 1. *&*
par la l. 43.
*ex facto §.
Item quæro
ff. de vulg.
& pupill.*
& par la l.
15. *& ha-
bet cum
quis ff. de
præcario.*
d par la loy
20. *quidam
ff. de vulg.
& pupill.*
& pa l'au-
tēt. de hær.
† *Calci.* §
*Si vero
abbatam.*

QVESTION XXXI.

I'ay cy deſſus propoſé en la ſixiéme queſtion, & renuoyé en ce lieu la reſolution d'vn autre doute , ſçauoir ſi l'heritier auquel le teſtateur aura donné , ou prelegué quelque choſe en particulier , & luy aura auſſi ſubſtitué vulgairement , poutra en repudiant l'heritage retenir la choſe donnée , ou preleguée dans le meſme teſtament , ou ſi le ſubſtitué la pourra demander;pour lequel doute mieux propoſer , ie ſuppoſe cét exemple. Vn teſtateur dans ſon teſtament fait donation , ou prelegat de quelque choſe particuliere à Pierre ſon heritier , & en cas qu'il ne ſoit heritier, ſubſtitue Iean: cét heritier repudie l'heritage , on deſire ſçauoir ſi Iean peut demander non ſeulement la maſſe he- *a par la loy 32. Sextiam ff. de leg. 3. & la l. 75. Miles §. pro parte ff. de leg. 2.* reditaire , *a* mais encore la choſe donnée au preleguée : Ie répons que Iean ne peut demãder que la maſſe hereditaire, & non ladite choſe donnée ny *a* preleguée : ce que toutesfois ne doit eſtre ſi preciſement entendu qu'il ne faille vſer de quelque diſtinction : ſçauoir, que où le teſtateur en ſubſtituant *a* ſimplement dit. Si Pierre n'eſt mon heritier, i'entens que ſa ſucceſſion appartienne à Iean , & en ce cas Iean peut demander le tout , tant ſucceſſion hereditaire, que donation & prelegat : mais ſi le teſtateur a dit, i'entens que ſa ſucceſſion hereditaire appartienne à Iean , lors Iean ne peut demander que l'heritage,non le prelegat, ſelon*b*Guill. Bened. *c* Graſſ. *d* Pap. & *d* Charond.

b en la matiere de la vulgaire Subſtitut.
c au §. fideicommiſſum q. 47.
d au liu. 10. tit. 3. Arreſt 17.
e au liu. 5. des Reſpon. chap. 50.
f par la l. 5. poſt aditam & de impuber. & aliis Subſtit.

QVESTION XXXII.

Par quels moyens finit la vulgaire Subſtitution : Ie répons que c'eſt par l'adition *f* ſeule, & acceptation que l'heritier fait de l'heritage : car incontinent que l'heritier ſe porte pour heritier de celuy qui l'a inſtitué , au meſme inſtant toute ſubſtitution ceſſe, & n'en reſte aucune eſperance au ſubſtitué, ce qui eſt fort aiſé à comprendre lors qu'il

D

n'y

n'y a qu'vn heritier : mais quand il y a pluſieurs heritiers, & que l'vn accepte l'heredité, les autres non, lors pour ſçauoir ſi l'acceptation de l'vn fait ceſſer la Subſtitution, quant aux portions des autres qui n'aurôt accepté, c'eſt là le point & la difficulté. Voilà pourquoy pour la reſolution de cette queſtion faut diſtinguer de la ſorte, ou le teſtateur en ſubſtituant a vſé de termes diſionctifs, comme s'il a dit : Ie fais heritier Pierre, Iean & François, & ſi Pierre, ou Iean, ou François ne ſont mes heritiers, en ce cas ie ſubſtituë Claude ; lors ſi Pierre accepte & non les autres, la ſubſtitution ceſſe quant à la portion de Pierre, & pour les autres portions elle a lieu. *a* Autant en eſt-il ſi le teſtateur a dit : Si aucun, ou bien, ſi l'vn ou l'autre de mes heritiers n'eſt mon heritier, ie ſubſtituë Claude : car lors Claude ne ſera pas appellé à la portion de celuy qui acceptera, mais ſi ſera bien aux portions de ceux qui n'accepteront point : mais ſi le teſtateur en ſubſtituant a vſé de termes copulatifs, ou collectifs, comme s'il a dit : Si Pierre, ny Iean, ny François ne ſont mes heritiers : ou bien, ſi n'y l'vn, ny l'autre d'iceux ne ſont mes heritiers : ou bien, ſi Pierre & Iean, & François ne ſont mes heritiers, en ce cas ie ſubſtituë Claude, lors des auſſi toſt que l'vn de ceux-là ſe dit heritier du teſtateur, & non les autres, cette acceptation particuliere faite par vn, fait ceſſer la ſubſtitution quant à tous, & n'aura la ſubſtitution lieu, meſmes és portions non acceptées, *b* ſelon Bened. & Graſſ. *c* Par lequel diſcours on void qu'il eſt fort neceſſaire, comme nous auons dit au commencement de ce Traicté, de conſiderer de quels termes le teſtateur vſe en faiſant la ſubſtitution, ſi c'eſt de termes diſionctifs, ou copulatifs.

QVESTION XXXIII.

Pour monſtrer en matiere de Subſtitutions, qu'il eſt tres à propos de ſçauoir bien expliquer les termes d'vn teſtament, ou d'vne donation contenant Subſtitution, ſelon

l'inten

a par la loy 39. cum de filio §. fin. ff. de vulg. & pupill.

b par la loy 30. quidam teſtamento ff. de vulg. & pupill. & par arg. de la l. 129. Si quis ita ſtipulatus. ff. de verb. oblig.

c en la matiere de la vulg. Subſt. nomb. 127. & au §. Subſtituit. quaſt. 15.

l'intention du teftateur, ou donateur, & qu'il ne leur faut
toufiours donner leur naïfue fignification : voicy vn exemple familier, pretexté fur ce mot Suppofé, lequel du Moulin a autres-fois expliqué, non felon le fens commun &
literal, mais d'vn autre fens plus conuenant à la volonté
d'vne donatrice. Ioffé efpoufe Ifabelle, vne tante de laquelle luy donna certains fonds auec claufe que fi les efpoux auoient enfans communs, & que l'vn d'iceux prede-
cedoit à l'autre, lefdits fonds demeureroient aufdits enfans : Suppofé que ledit Ioffé, ou ladite Ifabelle conuo-
laffent en fecondes nopces, & euffent autres enfans ; aduint que ledit Ioffé predeceda à ladite Ifabelle, & d'icelle
laiffa des enfans : ladite Ifabelle ne fe remaria point, les
creanciers defdits mariez font mettre en vente leurs biens,
mefme ceux qui eftoient prouenus de ladite tante : les enfans s'oppofent & fe difent Subftituez par les termes du
contract de mariage de leur pere & mere : les creanciers
repliquent que le cas auquel ils fe pourroient dire Subftituez, n'eft point arriué ; car s'ils eftoient fubftituez, fe feroit au cas qué leur mere fe fuft remariée, & eu d'autres enfans (ce qui n'eft arriué) & fe fondoient fur ce mot Suppofé, lequel ils difoient emporter condition d'vn fecond
mariage. Mais du Moulin en fon Confeil 39. dit que ce
terme Suppofé, n'eftoit pas reftrictif, ny conditionnel,
mais ampliatif, & deuoit eftre expliqué, comme qui diroit
encore que, ores que, mefme & Suppofé que l'efpoux furuiuant fe remariaft, lequel fens donné par du Moulin à ce
terme Suppofé, eft grandement conforme à l'intention de
la donatrice, & fauorable à celle defdits oppofans.

QVESTION XXXIV.

Quelqu'vn voudra poffible dire, apres auor leu cette
premiere partie de la vulgaire Subftitution, que ie me fuis
inutilement trauaillé en cette matiere, notamment s'il eft
vray ce que dit Autumne au tiltre *de vulg. Subftit.* au Di-
 gefte,

geſte, Que l'vſage de cette Subſtitution ſoit aujourd'huy
abolie en France, conſideré la couſtume generale laquelle
veut que le mort ſaiſiſſe le vif, & que pour faire ceſſer toute Subſtitution vulgaire, il n'eſt pas neceſſaire que l'heritier accepte l'heritage, & que ne l'ayant expreſſement accepté, ny expreſſement repudié, il eſt cenſé l'auoir accepté,
& par ce moyen arreſté la Subſtitution ; De ſorte que ſi la
deſſus il decede, quand bien ce ſeroit à l'inſtant du treſpas
du teſtateur, il transfere l'heritage à ſon plus proche parent, ſans conſideration d'aucune Subſtitution : Mais à cela
ie reſpondray que ſi nous eſtions aux termes d'vne ſimple
non adition, ou acceptation d'heritage, fait par l'heritier
viuant, ou qu'il ne l'eut expreſſement repudié, i'acquieſſe-
rois volontiers à cette opinion d'Autumne, que la vulgaire
Subſtitution n'auroit ſon effet, cauſanr la ſuſdite couſtume;
mais arriuant que l'heritier inſtitué (notamment s'il eſt
eſtranger) decede auant le teſtateur, ou bien que ſuruiuant
& n'ayant enfans , il declare ne vouloir accepter l'heritage,
au contraire le repudie par acte iudiciaire; Ie dy qu'en ces
deux cas la Subſtitution doit auoir lieu , & que l'intention
du teſtateur (qui a ſubſtitué vulgairement) doit ſortir ſon
effect, n'eſtant raiſonnable de luy donner autre ſucceſſeur
que celuy qu'il a choiſi, ny d'aneantir la Subſtitution, ſous
pretexte de la **Coutume de France.**

TRAICTE

TRAICTÉ
DES
SVBSTITVTIONS,

SECONDE PARTIE.
De la pupillaire Substitution.
QVESTION I.

Q VᵉEST-CE que pupillaire Substitution ? Ie respons que c'est vne disposition , par laquelle vn pere de famille, apres auoir institué en son testament son fils, ou neueu impubere, descendant d'vn fils ja decedé , leur substituë vne tierce personne, à condition que ce fils, ou ce neveu decedent en pupillarité & qu'ils soient en la puissance du substituät en deux temps; sçauoir au temps de son deceds , & au temps que la substitution est faite.

D 3   *Question*

QVESTION II.

Ie deſire ſçauoir l'explication , & la force de chacun de
ces termes : car i'eſtime que ſi vne fois ie les ay bien conceu , ie ſçauray tout ce qui eſt neceſſaire pour bien faire
vne ſubſtitution pupillaire. I'ay dit en premier lieu vn pere
de famille, pour monſtrer qu'il faut que celuy qui veut ſubſtituer pupillairement , ſoit aſcendant, du coſté paternel,
non d'vn autre coſté : c'eſt à dire, qu'il ſoit pere , ou ayeul.
Secondement i'ay dit à ſon fils , ou à ſon neveu deſcendant du fils ja decedé, pour monſtrer qu'il eſt de meſme re-
quis, que celuy auquel on ſubſtitue pupillairement , ſoit
deſcendant , non tel quel, mais naturel, & legitime , & en
premier, ou en ſecond degré , & que s'il eſt en ſecond degré , il n'ait ſon pere viuant. Troiſiemement , i'ay dit, ſoit
en la puiſſance du ſubſtitué , pour monſtrer qu'il faut que
celuy auquel on ſuſtitue , ſoit en la puiſſance du ſubſtituant en deux temps , ſçauoir au temps du teſtament, contenant la ſubſtitution, & au temps du deceds du teſtateur,
& encore qu'apres le deceds dudit teſtateur , l'heritier auquel aura eſté ſubſtitué , ne retombe en la puiſſance d'vne
autre perſonne, par exemple, de ſon pere : doncques vn
ayeul paternel peut bien faire heritier ſon neveu impubere, fils de ſon fils encor viuant : mais il ne luy peut pas
ſubſtituer pupillairement , parce qu'apres le decez de
l'ayeul , ce neveu retombera en la puiſſance de ſon propre
pere : mais ſi le pere eſtoit en ce temps-là oſté du milieu,
c'eſt à dire, qu'il ne fut plus viuant, ou eſtant viuant, qu'il
fuſt emancipé, & qu'il n'y euſt que l'ayeul , & le neveu,
lors n'y a point de doute qu'à ce neveu l'ayeul paternel ne
puiſſe ſubſtituer pupillairement ; ſi auſſi ce fils ou ce neveu
auſquels aura eſté ſubſtitué pupillairement ne ſont en la
puiſſance du pere , ou de l'ayeul au temps de leur decez :
mais ſont émancipez , lors la pupillaire Subſtitution n'a
lieu. Quatriéme , i'ay dit apres auoir inſtitué en ſon teſtament,

ment, parce que pour faire qu'vne Subſtitution pupillaire
ſoit bonne, il faut que celuy qui l'a faicte , ait auparauant
inſtitué heritier celuy à qui il veut ſubſtituer , autremẽt
ſi moy ayant vn enfant impubere, riche de quelque autre
ſucceſſion que de la mienne, ne le fais heritier, & neantmoins luy ſubſtituë pupillairement vn tiers, c'eſt ne rien
faire de charger vne perſonne laquelle ie n'ay point hono-
ré, & laquelle ne tient rien *a* de moy. Cinquiéme, i'ay dit
impubere, d'autant qu'il faut que celuy auquel on ſubſtituë pupillairement , ſoit impubere en deux temps ; ſçauoir
au temps du teſtament, & au temps que le teſtateur decede : autrement ſi auant le decez dudit teſtateur cét impubere a eſté fait pubere, toute Subſtitution ceſſera (pour le
moins la pupillaire expreſſe) & demeurera ſans effet.

QVESTION III.

Combien y a-il de ſorte de Subſtitution pupillaire ? Ie
dy qu'il y en a de deux ſortes, l'expreſſe, & la tacite ; l'expreſſe ſe fait en ces termes : Ie fais heritier mon fils (lequel
nous ſuppoſons eſtre impubere) & au cas qu'il meure en
pupillarité, ie ſubſtituë Iean ; la tacite eſt celle-là , laquelle
ſe trouue comprinſe ſous l'expreſſe vulgaire. Par exemple,
i'ay vn fils impubere , lequel ie fais heritier , & luy ſubſtituë vulgairement Iean, en diſant : Si mon fils n'eſt mon heritier, ie ſubſtituë Iean. Il peut arriuer que par le moyen
des tuteurs qu'on aura donné à mon fils il acceptera mon
heritage, & par cette acceptation , ou adition d'heritage
la vulgaire expreſſe *b* ceſſera : mais auſſi peut-il de meſme
arriuer qu'apres cette acceptation le fils decedera auant
l'âge de quatorze ans , & alors le Subſtitué ſe pourra ſeruir
non de la vulgaire Subſtitution, expirée par le moyen de
l'adition : mais de la pupillaire tacite, contenuë ſous la vulgaire expreſſe, en vertu de laquelle il pourra demander,
non les biens que l'impubere decedé auoit d'ailleurs que
de ſon pere ; d'autant que tout cela appartiendra à la mere

de

de l'heritier, ſi elle eſt en vie : mais le reſtant & moitié des biens du pere, apres en auoir diſtraict la legitime, & quarte trebellianique deuë audit fils impubere decedé, ſur leſdits biens de ſon pere.

QVESTION IV.

De quel effect eſt la pupillaire Subſtitution expreſſe ? Ie dy que s'il arriue que l'heritier decede impubere, cette Subſtition adiuge au ſubſtitué tous les biens tant du teſtateur, que de l'heritier, ſans aucune detraction de legitime *a*, ny de trebellianique, ny meſme des prelegats leſquels auoient eſté faits audit heritier, au preiudice & excluſion de la propre mere dudit heritier *b*, & non ſeulemét les biens que l'heritier a au temps du teſtament, ou decez du teſtateur : mais encore ceux qui luy ſont ſuruenus d'ailleurs auant ſon decez en âge *c* pupillaire : mais pour la tacite pupillaire contenuë ſous l'expreſſe vulgaire, elle n'exclud point la mere de l'heritier des biens que ledit heritier auoit d'ailleurs que de ſon pere, ny de la legitime & trebellianique, & prelegats à luy deubs ſur les biés *d* dudit pere, ny de meſme n'exclud le pere du pupil, auquel l'ayeul paternel auoit ſubſtitué vulgairement, ny l'ayeule paternelle, ou maternelle, ny le frere germain dudit *e* pupil.

a Selon Graſſ au §. legitima quæſt. 39. & Ranch. en Guid. Pap. quæſt. 522.
b par la loy 8. Papianus §. Sed nec impub. ff. de inoff. teſtamen. & par la loy 45. Lucius ff. de effectu, & d par la loy C. de Inſtit. vulg. & pupill. & ſelon Zaſius au traicté de la pupill. Subſtitut. in 6. Graſſ. au §. Subſtituo. q. 30. *c Par le §. non ſolum inſtit. de pupil. Subſtit. 8. præcib. C. de impuber. & aliis Subſtit. & par la Gloſſ. de la loy fin. C. de Inſtit. & Subſtit. e Selon Graſſ. en la matiere de la pupill. Subſtit.*

QVESTION V.

Ce que nous venons de dire que la tacite pupillaire comprinſe ſoubs l'expreſſe vulgaire, n'exclud point la mere de l'heritier (qui eſt decedé impubere) quant aux biens propres dudit heritier, ny quand à la legitime & trebellianique qu'il pouuoit pretendre ſur les biens de
                                                                    ſon

son pere, ny des prelegats à luy faits par le mesme pere, est-il tousiours veritabe ? Ie dis que cette conclusion n'est pas veritable en quelques cas : quand des paroles du testateur on peut coniecturer qu'il a entendu priuer ladite mere de tous ces aduantages, par exemple : Si moy ayant institué mon fils impubere , & luy substitué vulgairement vne tierce personne , au cas que mon fils ne soit heritier, & laissé vn legat à ma femme : lors il faut considerer, si en faisant ce legat, i'ay parlé en cette sorte : Ie laisse cent escus à ma femme , payables par mon heritier , & en ce cas, arriuant que mon fils accepte mon heritage , & que par cette acceptation la vulgaire sustitution soit cessée: si neantmoins apres cette acceptation mon fils decede impubere , & que la tacite pupillaire ait lieu, lors cette pupillaire substitution tacite n'exclurra point la mere de tous ces auantages, suiuant nostre commune conclusion : mais si i'ay dit que ie laisse cent escus à ma femme , payables par celuy que i'ay substitué à mon heritier , d'où ie veux qu'elle se contente: lors il est tres-asseuré que cette pupillaire substitution aura autant de force que si elle estoit expresse, partant grandement preiudiciante à la mere , Grass. toutesfois au §. *subst. quæst.* 31. & Zasius en la matiere de la pupill. subst. *in sexto effectu*, vers. *Sed quid de tacita* , disent que cette coniecture ne leur semble equitable ny veritable, mais qu'à tout le moins la mere de mon fils heritier aura la legitime qu'estoit deuë audit heritier sur mes biens. Secondes nostre conclusion manque quand le testateur a dit qu'il fait heritier son fils impubere , & au cas qu'il ne soit heritier , luy substituë vulgairement Seius , & à sa femme laisse vne pension de trente liures, de laquelle elle iouyra tant qu'elle demeurera en viduité ; car s'il arriue qu'apres l'acceptation faite de cét heritage par ledit fils impubere, il decede en pupillarité , & la mere conuole à secondes nopces , lors la tacite pupillaire substitution (laquelle en ce cas aura lieu) exclurra ladite mere de tous les susdits auátages. b Troisiesme manque la susdite conclusion quand le substitué vulgaire-

E

ment

a par la *la[?]* 69. peto ff. de leg.2. & l. l. 11. fidei cõmissa §. Si quis ita scripserit ff. de leg. 3.
b selon Ias. en la matiere de la pupil. subst. vers. In sexto effectu, & Gra. en la mesme matiere quæst. 31.

ment eſt enfant du teſtateur : car en ce cas s'il ariue que l'heritier ayant accepté l'heritage , decede impubere , & que la tacite pupillaire ſubſtitution ait lieu , lors la mere dudit heritier ſera excluſe, auſſi bien que ſi l'expreſſe ſub-ſtitution auoit eſté faite:mais pour le frere du teſtateur ſub-ſtitué vulgairement au fils dudit teſtateur , cela n'au-roit lieu. Quatrieſme, la ſuſdite concluſion ceſſe, quand le teſtateur a vulgairement ſub-ſtitué à ſon fils vne cauſe pie, par exemple vne Egliſe, ou vn Hoſpital , car lors la tacite pupillaire comprinſe ſous l'expreſſe vulgaire ayant lieu, cet-te cauſe pie exclud la mere de l'heritier, eſtant vray ſem-blable que le teſtateur a plus affectionné la cauſe pie , ou pour mieux dire ſon ame,que non pas ſa femme, ſelon l'or-dre de *b* charité. Cinquieſme, manque la ſuſdite conclu-ſion quand la mere propre du teſtateur eſt ſubſtituée vul-gairement au fils impubere dudit teſtateur,car lors ſi la ta-cite pupillaire ſubſtitution a lieu , la mere du teſtateur ex-clurra la mere *c* de l'heritier. Sixieſme , manque la ſuſdite concluſion , quand le teſtateur apres auoir ſubſtitué vul-gairement vne tierce perſonne à ſon fils impubere , charge cette tierce perſonne de fideïcommis , & de rendre l'heri-tage à quelque autre, car lors puis que le premier ſubſtitué eſt obligé de rendre l'heritage à vn autre, il doit eſtre pre-feré à la mere de l'heritier , non tant pour ſa conſideration, que pour celle du ſecond *d* ſubſtitué. Septieſme : la mere de l'heritier eſt excluſe en vertu de la tacite pupillaire , ſi au temps du teſtament elle eſt ennemie du teſtateur, & qu'en-tre eux y euſt ſeparation de lict, car lors il faut preſumer que le teſtateur a eu plus d'affection pour le ſubſtitué,que pour ſa femme : & le meſme en eſt , quand apres le teſta-ment, ou apres le decez du teſtateur elle commet quelque acte de deshonneſteté qui la rende indigne des biens de ſon mary , & de ſon *e* enfant. Huictieſme : quand le teſta-teur a fait ſon fils impubere & ſa femme heritiers , & à chacun d'eux a ſubſtitué vulgairement & ſeparément en diſant : Si mon fils n'eſt mon heritier, ie ſubſtituë Iean , &

si ma.

a ſelon Caſ. & Graſſ. aux lieux ja citez.

b par la loy 6. profes C. de ſerui-tut. & aqua.

c ſelõ Bart. en la l. 2. ff. de vulg. & pupill.

d par la loy 87. titia Seio §. Seia libertisff. de leg. 2. & ſelon Paul de Caſt. en la l.ex facto C. de teſta-ment.milit.

e c'eſt ainſi que l'enſei-gne Guil. Bened. en la matiere de la pupil. ſubſtit. & autres Do-cteurs ſus alleguez.

ſi ma femme n'eſt heritiere , ie ſubſtituë le meſme Iean,
car s'il arriue qu'apres l'adition de l'heritage faite par le fils
il decede en pupillarité , lors cette tacite pupillaire Subſtitution exclud la mere de ce fils de tous les ſuſdits auantages , & ce au profit de Iean ſubſtitué , en conſideration
de l'affection que le teſtateur a fait cognoiſtre qu'il auoit
pour luy en le ſubſtituant à ſon fils, & à ſa *a* femme.

QVESTION VI.

Vn teſtateur de vile condition fait ſon fils impubere heritier , lequel eſt de ſon chef riche , & de grande & noble
maiſon du coſté de ſa mere ; puis il dit ainſi : Si mon fils
decede en pupillarité , ie luy ſubſtituë Titius, on demande
s'il a peu faire vne Subſtitutió luy qui eſt de conditió tant
inégale à ſon fils ; quelques vns tiennent qu'ouy, entre autres *b* Angelus ; d'autres tiennent que non, comme Zaſius
en la matiere de la pupille Subſtitution, notamment quand
le pere eſtoit ſi vil & abiect , que par ſentence du Iuge l'adminiſtration des biens de ſon fils luy auoit eſté interdite, &
d'ailleurs la grande vilité du pere , en comparaiſon de la
qualité & dignité de ſon fils, deliure ledit fils de la puiſſance paternelle ; *c* ce que ſuppoſé , le pere n'a peu ſubſtituer
pupillairement à vne perſonne laquelle n'eſt ſous ſa puiſſance.

QVESTION VII.

I'ay vn fils naturel & legitime impubere , & vn enfant
naturel ſeulement ; ie fais heritier l'enfant legitime, qui de
ſon coſté eſt riche pour auoir ſuccedé à ſa mere , & puis ie
dy de la ſorte : Si mon fils naturel & legitime decede en
pupillarité , ie luy ſubſtituë ſon frere naturel : on demande
ſi i'ay peu faire cette ſubſtitution en ſorte que ſi mon heritier decede impubere , ſon frere baſtard luy ſuccede, tant
en ſes biens, qu'aux miens, Ie répons que en ce qui regar-

de mes biens, ie ne l'ay peu faire; & de cette sorte s'il arriue
que mon fils ne soit mon heritier & decede impubere, lors
cette tacite vulgaire Substitution, comprinse sous l'expresse pupillaire, n'operera rien en faueur du substitué : mais
quant aux biens propres de mon fils, la substitution aura
lieu a; de sorte que côtre la commune obseruance du droit,
il se trouuera icy vn cas fort special, auquel mon fils decedant, decedera partie *testat* & partie *ab intestat*, *testat* en
ses biens propres ausquels mon fils bastard sera son heritier, *intestat* quant aux miens.

a *Par la loy*
6. Si in qui
ff. de vulg.
& pupill.

QVESTION VIII.

Titia fait son fils impubere heritier, quand il aura attaint l'âge de quatorze ans, & puis luy substituë vulgairement en disant : Si mon fils n'est mon heritier, ie luy substituë Seius; ce fils decede en pupillarité, partant auant le
temps qu'il puisse estre heritier, on demande si la Substitution peut auoir lieu; Semble que non, parceque la Substitution ne peut auoir lieu, sinon apres que l'institution a
sorti son b effect : or l'institution ne peut auoir son effect,
d'autant que l'enfant de la testatrice, lequel auoit esté fait
heritier lors qu'il auroit attaint l'âge de quatorze ans, se
trouue decedé deuant lesdits quatorze ans, doncques la
Substitution ne peut auoir lieu : Le contraire neantmoins
est decidé en la l. 33. *Si mater ff. de vulg. & pupill.* disant
que si la vulgaire expresse n'a lieu, si aura bien la tacite pupillaire, d'où s'ensuit vn cas auquel ce qui ne se peut faire
expressement, se fait tacitement; en ce que nous voyons
que la mere ne pouuant substituer pupillairement expressement, l'aura peu faire tacitement.

b *Par la l.*
69. quan-
diu ff. de
acquir. ha-
redit.

QVESTION IX.

Pierre fait heritier Iean son fils impubere, & s'il decede en pupillarité, luy substituë François en vne certaine
maison;

maifon ; & au mefme François (decedant fans enfans) il
fubftituë fa femme en la mefme maifon , apres il dit ; Lefquels deux fideicommiffaires , ie veux qu'ils vendent le
refte de mes biens , & le prix en prouenant ie veux qu'ils le
diftribuent aux pauures. Iean decede en pupillarité , par
confequent voilà la Subftitution ouuerte en la perfonne de
François , pour le regard de cette maifon : on demande ,
Suffit-il pour pouuoir vendre lefdits biens que le premier
cas foit arriué , cela veut dire que Iean (premier heritier)
foit decedé en pupillarité : ou bien s'il faudra encore at-
tedre que François(fecond inftitué)foit decedé fans enfans,
Ie dy qu'il fuffit que le premier cas foit arriué,& que Ieã foit
decedé en pupillarité , apres lequel cas arriué immediate-
ment fera permis de vendre lefdits biens , fans attendre l'e-
uenement du fecond cas, fçauoir que François decede fans
enfans. C'eft le Confeil de Bart. 181.

QVESTION X.

I'ay vn fils impubere, riche du cofté de fa mere ja decedée , & vn frere , ie les faits tous deux heritiers par égales
portions en vn heritage fort chargé de debtes,& puis ie dy:
Si mon fils decede en pupillarité , ie luy fubftituë mon frere ; arriue que le fils decede en pupillarité , mon frere demande de jouyr du proffit de la pupillaire Subftitution,
quant aux biens du pupil , mais quant à mes biens il n'en
veut point, a-il raifon de faire ce choix ? le dy qu'il eft
obligé de prendre les deux fortes de biens , ou il n'aura ny
les vns ny les autres. Le mefme en feroit il s'il vouloit ^a *par la loy
auoir mes biens,& laiffer ceux du pupil (poffible endebtez)* *40. quaſi-*
car il ne le pourroit faire : mais pofons le cas que de deux *tum ff. de*
enfans que i'ay , l'vn pubere, l'autre impubere, ie les faffe *acquir. hæ-*
tous deux heritiers : & à l'impubere ie fubftituë le pubere, *redit.*
lequel pubere decede auant l'impubere, & faffe teftament,
& en iceluy vn heritier : aduenant puis apres que l'impubere decede en pupillarité , l'heritier que le pubere aura

fait , faudra-il (veuille ou non) que acceptant l'heritage de
ce pubere , il prenne auſſi l'heritage que i'ay laiſſé à l'impubere, lequel poſſible eſt chargé de debtes ; Ie dy qu'ouy,
par la l. 59. *Qui patri ff. de acq. hæred.*

QVESTION XI.

Si i'ay deux enfans impuberes , & qu'au dernier d'iceux
mourant en pupillarité ie ſubſtituë Iean , arriuant que le
dernier d'iceux qui decede ſoit pubere ,on demáde ſi toute Subſtitutió eſt ceſſée : Ie répons qu'ouy, nonobſtát que
a par la l. le premier d'iceux qui eſt decedé,ſoit decedé *b* impubere.
4. cohared.
§. cum pa-
ter ff. de
vulg & pu-
pil.

QVESTION XII.

Si i'ay vn enfant impubere lequel i'inſtituë heritier,& au
cas qu'il decede en pupillarité , ie luy ſubſtituë Iean , arriuant que par accident (comme ſeroit naufrage, ruyne, ou
incendie) mon fils & ce Iean decedent tous deux enſemble, la Subſtitution eſt elle éuanoüye : Ie répons qu'ouy,
ſans qu'il reſte aucune eſperance de tranſmiſſion aux pa-
b par la loy rens *b* de Iean.
19. Sed &
in illo. ff. de
reb. dub.

QVESTION XIII.

Vn teſtateur n'ayant enfans, mais voyant ſa femme enceinte diſpoſe de la ſorte : Ie fais heritier le poſthume qui
naiſtra de ma femme , ſoit fils ou fille ; & ſi ledit poſthume
decede auant l'âge de pouuoir teſter , ie veux que mes
biens ſoient vendus , & l'argent en prouenant ſoit diſtri-
bué aux pauures : aduint que ledit poſthume né ne veſquit
que deux ans apres ſa naiſſance , laiſſant ſa mere laquelle
veut la legitime de ſon enfant , fut demandé à la Cour de
Parlement de Tholoſe , ſi la pupillaire Subſtitution n'ayant
eſté faite expreſſement, ny en termes ſpecifiques en faueur
deſdits pauures : elle eſtoit bien fondée en ſon intention ,
& par Arreſt de la Cour fut iugé que non , attendu que
pour

pour la faueur de la pie caufe, ces mots auoient force de pupillaire Subftitution expreffe. Le fieur de la Roche, fur le mot Subftitution, Arreft 13. rapporte cét Arreft, lequel il ne fonde fur aucun texte du droiَct : mais ie le fonde fur le tit. des Inftitut. *de pupill. Subftit.* en ces mots, *prius moriatur quam in fuam tutelam venerit,* lefquels mots Iuftinien prefcript pour former vne pupillaire Subftit. Bouchel au 3. Tome de fa Bibliotheque, fur le mot Subftitutions rapporte le mefme Arreft.

QVESTION XIV.

Pendant le procez qui peut eftre inténté entre la mere du pupil decedé, & celuy qui a efté fubftitué pupillairement, qui doit cependant iouyr de l'heritage, ou le Subftitué, ou la mere : Ie dy que c'eft le Subftitué, comme fondé en l'intention & expreffe difpofition du teftateur, non la mere, laquelle n'eft fondée qu'en la difpofition de la loy, fuyuant l'arreft de Grenoble, remarqué par Expilly, au chap. 105. & par les raifons deduites en la 30. queftion de la vulgaire Subftitution.

QVESTION XV.

Pour montrer le different effet qu'il y a des paroles communes auec les obliques, ie fais cette propofition : I'ay vn fils impubere lequel ie fais heritier, & luy donne deux Subftituez, l'vn par paroles communes, l'autre par paroles obliques en cette forte : Ie fais mon fils impubere heritier, & s'il decede en pupillarité ie luy fubftituë Seius en vn ô fonds tufculam, & pour mes autres biens ie veux que mon fils les rende à Valerius : s'il arriue que mon fils decede impubere, de quel effet feront ces deux fubftitutions : Ie dy que celuy qui eft fubftitué par paroles communes au fonds tufculan, fera heritier vniuerfel en tout l'heritage, & que celuy à qui le refte des biens doit eftre reftitué, les receura du premier fubftitué, qui s'en referuera la trebellianique.

Queftion.

QVESTION XVI.

Mais ſi à **vn** enfant impubere inſtitué heritier, quelqu'vn
a eſté ſubſtitué par paroles obliques en certain fonds , &
quelque autre a eſté ſubſtitué par paroles communes au reſidu des biens, comme ſi ie dy : Si mon enfant impubere
decede en pupillarité , ie deſire qu'vn tel fonds ſoit rendu
à Seius , & au reſidu de mes biens ie ſubſtituë Meuius, lors
le cas de la ſubſtitution auenant , le dernier ſubſtitué par
mots communs, prendra l'vniuerſité des biens, & rendra
le fonds au premier ſubſtitué par termes obliques, par maniere de legat, duquel legat (s'il y eſchoit) il retiendra
pour ſoy la falcidie. *a* Ce qui eſt veritable ſuppoſé que
Seius ſoit capable du fideicommis à luy laiſſé : mais s'il en
eſt incapable, (comme s'il eſt baſtard) lors Meuius ſubſtitué au reſidu des biens, aura tout l'heritage. *b*

QVESTION XVII.

Si auſſi vn teſtateur apres auoir fait ſon fils impubere
heritier , luy donne deux Subſtituez , l'vn en vne certaine
choſe ou portion par paroles obliques , l'autre en choſe
auſſi certaine, ou portion , mais par paroles communes,
lors ſi le pupil n'a point de coheritier & decede impubere,
celuy qui eſt ſubſtitué par paroles communes ſera receu à
demander tout l'heritage , & deliurera à l'autre Subſtitué
ce en quoy il a eſté ſubſtitué à tiltre de fideicommis , cela
veut dire que ſi c'eſt vne portion il retiendra la trebellianique *c* : ou ſi c'eſt vne choſe certaine, ou quantité, il retiendra la falcidie qui reuient au meſme.

QVESTION XVIII.

Si à vn fils impubere & heritier inſtitué, ont eſté donnez
deux Subſtituez , l'vn par paroles directes, *in rè particulari*,
l'autre

l'autre par paroles communes, *in re etiam particulari,* côme si le testateur a dit : Si mon fils decede en pupillarité , i'instituë heritier Pierre en mon fonds Tusculan,& ie substituë Iean en mon fonds Cornelian, lors le substitué par paroles directes au fonds Tusculan, ne trouuant point de coheritier ou substitué vniuersellement au dit fils impubere , sera heritier vniuersel , & deliurera à l'autre substitué par paroles communes la chose en laquelle il a esté substitué , c'est à dire, le fonds Cornelian, duquel il retiendra le quart par maniere de falcidie, ou de trebellianique , a s'il y eschoit.

a selon Zas au lieu ja cité, & Grass. au §. subst. quæst. 78.

QVESTION XIX.

Si à vn pupil institué, deux sont substituez par paroles directes separément , & en chose particuliere , ou portion, comme si le testateur a dit : Si mon fils decede en pupillarité, ie fais heritier Pierre en mon fonds Tusculan , ou bien en deux tiers de mon bien,& Iean ie le fais heritier en mon fonds Cornelian, ou bien en vn tiers de mon bien : le pupil decede impubere , comment succederont les deux substituez, ou instituez ? Ie respons, que s'ils sont instituez en chose particuliere , lors ostée la mention de cette chose particuliere , ils succederont tous également en tout l'heritage , bien qu'vn fonds soit de plus grande valeur que l'autre , & le mesme s'ils sont instituez en portions egales : mais s'ils sont instituez en portions inegales , comme en l'espece supposée, ils succederont bien tous deux en tout l'heritage , mais en portions inegales , & à mesure de leur b institution.

b Zasius apres le traicté de toutes les substitutions.

QVESTION XX.

Si i'ay deux enfans, l'vn impubere , l'autre pubere , & par mon testament ie fais heritier l'impubere , & le pubere ie le laisse en oubly , & à l'impubere decedant en pupillarité , ie substituë vn estranger : par exemple , mon cousin,

l'enfant

l'enfant preterit debatant le teſtament de nullité, & ayant
obtenu:on demande ſi la ſubſtitution pupillaire ſera entre-
tenuë, & conſeruée, cas aduenant que l'impubere decede
en pupillarité par *l'autent. ex cauſa C. de liber. præterit.*. Ie
dis qu'ouy, apres *a* Clar. & Graſſ. au §. *ſubſtitutio quæſt.*25.
mais ſi l'inſtitué, auſſi bien que le ſubſtitué, eſtoient perſonnes eſtrangeres, lors la ſubſtitution pupillaire ſeroit
eſteinte, comme diſent les meſmes Docteurs.

a au §. te-
ſtamentum,
quæſt. 54.

QVESTION XXI.

Vne ſubſtitution faite en termes directs, comme ſi le
teſtateur a dit, Si mon fils n'eſt mon heretier, Seius le
ſoit : ſe conuertit-elle quelquesfois en oblique ? Ie reſpons
qu'ouy, quand elle ne peut valoir autrement que comme
oblique, par exemple : vn teſtateur fait ſon fils impubere
heritier, puis apres il fait des codicilles, dans leſquels il
dit auſſi : Si mon fils n'eſt mon heritier, Seius ſoit mon heritier : lors cette façon de ſubſtitution pupillaire faite dans
des codicilles, ne vaudra pas comme directe, puis qu'elle
eſt faite dans des codicilles, mais vaudra comme oblique,
& par droit de fideicommis, c'eſt à dire, que le fils decedant
impubere, le ſubſtitué receura les biens de la main des plus
proches parens abinteſtat de ce fils, leſquels retiendront la
legitime dudit fils, non la trebellianique, parce qu'en meſme temps ces deux quartes ne peuuent eſtre *b* retenuës. Si
toutesfois vn autre enfant du teſtateur eſt ſubſtitué dans
des codicilles, lors la ſubſtitution vaudra comme directe,
nonobſtant qu'elle ſoit faite dans des codicilles, & l'heredité luy appartiendra ſans *c* detraction, ny diminution, en
conſideration des mots directs, deſquels le teſtateur a vſé.

b par la loy
26. Scæuo-
la ff. ad
Trebell.
c Comme
dit Bart. en
la l. militia
ff. de teſta-
ment. milit.

QVESTION XXII.

Quand vn teſtateur prie vn heritier de faire heritier vn
tel, qu'il luy nomme, cette ſorte de ſubſtitution eſt-elle
directe

directe ou oblique, c'est à dire, le premier heritier est-il tellement obligé de faire heritier celuy que le testateur luy a
nommé, qu'en luy rendant l'heritage, il n'en puisse retenir
la trebellianique ? Ie respons, qu'il la peut retenir.

QVESTION XXIII.

Ie fais heritier Pierre, Iean, & François, & à Pierre ie substituë Claude, à Iean ie substituë Guillaume, à François
ie substituë Estienne : Pierre decede, qui sera à preferer en
sa portion, ou son coheritier, ou son substitué. Ie dis que
ce sera *a* le substitué, tout de mesme que quand la substitution est faite par paroles distributiues, comme sont celles-
cy, à chacun d'eux : si aucun d'eux n'est mon heritier, Ie
substituë Claude, car à mesure que quelqu'vn de ces trois
heritiers decedera, Claude sera à preferer à autres coheritiers, si ce n'est que les autres coheritiers soient enfans du
testateur, & Claude substitué soit estranger, car en ce cas
les coheritiers sont à preferer au *b* substitué, ainsi qu'a con-
seillé Alex. en son consil. 225. en vne espece non beaucoup
dissemblable, laquelle voicy. Vn testateur auoit vn fils &
trois filles impuberes, par son testament il fit son fils heritier, & luy decedant auant la puberté, substitua ses trois
filles, & à chacune des trois filles decedant en pupillarité,
substitua Titius : le fils & deux filles decederent impuberes,
le substitué prend possession de l'heritage en vertu de ce
mot, & à chacune, lequel mot nous auons dit estre distri-
butif : l'autre fille qui est restée, s'oppose, disant qu'elle est
personne plus affectionnée au testateur que le substitué, &
en faueur de cette fille s'ensuyuit le conseil d'Alex. autre
chose seroit selon luy, si à l'vne de ces filles specialement,
& seulement Titius eust esté substitué : car lors la speciale
preuoyance du testateur feroit cesser la preuoyance de la
loy, quant *d* au droit d'accroistre.

Marginal notes:

a par la loy 93. Lucius §. fin. ff. de leg. 3.

b par la loy 96. potest. auec la suiuante ff. de vulg. & pupill. & par la glos. de la l. penultiesme, sur le mot Substitutio. ff. de iniusto rupt. testament.

c par arg. de la l. 101 cum auus ff. de condit. & demonst. & de la loy 30. cum acutissimi. C. de fideicommiss.

d selõ Graf. au §. subst. quæst. 13.

QVESTION XXIV.

Vn teſtateur à deux enfans, leſquels il fait heritiers, &
ſi tous deux dededent ſans enfans, ſubſtituë Titius : & ſi
Titius decede ſans enfans, ſubſtituë Seius & Meuius. Titius premier ſubſtitué decede ſans enfans, & apres luy
les deux heritiers inſtituez decedent auſſi ſans enfans,
dont l'vn toutesfois a diſpoſé, & a fait heritier vn eſtranger : maintenant Seius & Meuius pretendent la Subſtition eſtre ouuerte à leur profit. Cét eſtranger leur oppoſe que l'ordre des Subſtitutions eſt interrompu, parce que
ils ne ſont pas ſubſtituez aux premiers heritiers, mais à Titius, lequel n'a iamais reconneu la Subſtitution, eſtant
decedé auant les heritiers, ie demande s'ils ſont bien fondez en leur intention : Guid. Pap. les tient bien fondez
par le texte de la l. 41. *cohæredi ff. de vulg. & pupill.* en
ces mots, *nec intererit prior Subſtitutus poſt inſtitutum,*
an ante decedat, & par la loy 27. *Si Titius ff. eodem*,
& la loy 69. *Quamdiu §. is qui tertio ff. de acquir. hæred.*
& la raiſon eſt par ce que en cette diſpoſition y a deux
Subſtitutions, par leſquelles les derniers ſubſtituez ſont
appellez, l'vne vulgaire (au cas que Titius ne ſoit heritier,
comme il ne l'a iamais eſté) l'autre fideicommiſſaire, au
cas qu'il le ſoit, & qu'il decede ſans enfans, doncques les
derniers Subſtituez à Titius ſont appellez par la vulgaire. Et ainſi le dit Papon auoir eſté iugé, au tit. des Subſtitutions, Arreſt 3. à quoy ſert le vulgaire axiome que d'ordinaire l'on dit, Que le ſubſtitué, au ſubſtitué, eſt ſubſtitué à l'inſtitué.

QVESTION XXV.

Si i'ay vn enfant impubere lequel ie fais heritier, & luy
fubftituë en ces termes : le fubftituë à mon enfant impubere, Seius : Ces termes font-ils equipollents à vne expreffe pupillaire Subftitution, Bal. *a* tient que non, parce
que le terme impubere eft plutoft appofé demonftratiue-
ment, que difpofitiuement. Le contraire eft tenu par *b* Bart.
Alex. *c* & *d* Graff. qui aux lieux citez à la marge, tiennent
que ce terme impubere a autant de force, que fi la Subftitution pupillaire auoit efté formellement & expreffement
faicte : voy à cela ce qu'à efté dit en la queft. 13. *e*

QVESTION XXVI.

A vn pupil fait heritier, & auquel a efté fubftitué pupillairement, n'a iamais efté pourueu de tuteur par la negli-
gence tant du fubftitué, que de fa mere, & eft decedé en
cét eftat : Ie demande qui des deux ou de la mere, ou du
fubftitué eft indigne de la fucceffion, ou fi tous deux en
font indignes : Ie refpons que le fubftitué feul en eft indigne, & non la mere ; parce que le fubftitué qui n'eftoit pas
fi proche que la mere, auoit neantmoins tant efté affectionné par le teftateur qui l'auoit preferé à la mere : c'eftoit
d'autant plus d'obligation à luy d'auoir foing du pupil, que
non pas à la mere, de laquelle obligation ne fe reffouue-
nant point, en ne luy faifant pouruoir de tuteur, il s'eft
rendu plus indigne que tout autre, qui ne pretendoit rien
fur la fucceffion du pupil : comme eft la mere laquelle
voyant vne fubftitution faite à fon enfant, n'auoit occafion
de beaucoup efperer de fa fucceffion ; partant n'eftoit pas
tant obligée *f* que le fubftitué.

---

*a en la loy
præcibus C.
de impu-
ber. & aliis
Subftit.*

*b en la loy
centurio ff.
de vulg. &
pupil.*

*c en la loy
Gall. §. 1.
ff. de liber.
& pofthum.*

*d en la ma-
tiere de la
pupill. Sub-
ftitut. verf.
tertio effe-
ctu.*

*e au §. Sub-
ftitutio
quaft. 20.*

*f c'eft la
doctrine de
Nigrin. en
l'art. officiũ
hæred. q. 7.*

QVESTION XXVII.

Si à vn pupil inſtitué, ie ſuis ſubſtitué pupillairement , &
que ie debatte le teſtament, contenant cette Subſtitution,
diſant que dans iceluy ie ne ſuis pas ſi aduantagé comme
ie deuois eſtre, on demande ſi au moyen de ce debattemēt
ie dois eſtre iugé indigne du fruict de cette Subſtitution :
Ie répons qu'ouy , ſoit que i'obtienne mon intention , cela
veut dire , ſoit que ie faſſe dire que le teſtament eſt nul , ou
que ie ne l'obtienne pas , cela veut dire que par ſentence
ſoit dit que le teſtament ſubſiſte.

QVESTION XXVIII.

Comme quoy finit la pupillaire Subſtitution ? Ie dy qu'elle finit en pluſieurs façons. Premierement, par le fait du teſtateur , comme ſi apres auoir fait vn teſtament dans lequel
eſt contenuë la pupillaire Subſtitution , il en fait vn autre
dans lequel cette Subſtitution *a* n'eſt point repetée : ou bien
quand apres le teſtament, il eſt condamné à mort naturelle
ou *b* ciuile; car lors toute Subſtitution ceſſe. Secondement,
par le fait du Subſtitué, quand au temps du decez du pupil
il ſe trouue indigne de la Subſtitution, comme nous auons
dit en la queſtion 16. ou bien incapable, comme s'il eſt deporté , ou Religieux profez: ou bien s'il eſt frere baſtard
dudit pupil, car en ce dernier cas la Subſtitution ceſſera,
quant aux biens delaiſſez par le teſtateur : mais non quant
aux biens propres dudit pupil, deſquels le frere baſtard eſt
capable, *c* ainſi que nous auons veu en la queſt. 7. Troiſiéme , par le fait du pupil , & cela encore en pluſieurs façons.
Premierement, par l'euenement de la puberté en ſa perſonne , c'eſt à dire quand il ſera paruenu au dernier iour de la
quatorziéme *d* année. Secondement, par l'euenement d'vn
autre temps appoſé au teſtament par le teſtateur : pouruen
que ce temps ſoit dans la puberté, & non autrement : com-

me

a *par la loy
16. Si quis
eum §. Si
ſuo teſtam.
ff. de vulg.
& pupill.*
b *par la loy
6. Si quis
filio §. Ir-
ritum ff. de
ininſto rup.
teſtam.*
c *Bart. en
la loy fin. ff.
de his qui-
bus vt in-
dign.*
d *l. 14. in
pupillari ff.
de vulg. &
pupill. & l.
5. quaeta-*

me s'il auoit dit, Si mon fils decede deuant dix ans, ou moins : car lors auſſi toſt que ce fils ſera dans le dernier iour de la dixiéme année, ou d'vne autre année que le teſtateur aura determiné, la Subſtitution pupillaire *a* ceſſera. Troiſiéme, par le grand changement d'eſtat en la perſonne du pupil : comme ſi pour quelque delict par luy commis (eſtant capable de dol) il eſt condamné au banniſſement, ou galeres perpetuelles : car lors tout ainſi que tout teſtament de toute perſonne eſt annullé par vne telle condemnation ; auſſi eſt la Subſtitution pupillaire, laquelle n'eſt autre choſe qu'vn teſtament fait pour le pupil. Quatriéme, ſi (ce qui arriue fort rarement) le pupil auquel aura eſté ſubſtitué pupillairement, eſtant marié en l'aage de treize ans, auoit vn enfant auparauant ſa quatorzieſme année accomplie, & qu'en cét aage il fuſt decedé impubere, car lors nonobſtant ſon decez en pupillarité, ne s'enſuyuroit que la ſubſtitution deuſt auoir lieu au preiudice dudit enfant, tant par la raiſon de la loy 30. *cùm acutiſsimi C. de fideicommiſſ.* que par la doctrine vulgaire, laquelle veut que par la ſuruenâce des enfans au teſtateur, les teſtamens ſont *b* reuoquez. Quatrieſme, la ſubſtitution pupillaire finit quand le ſubſtitué decede auparauant le teſtateur, ou l'heritier inſtitué, car lors encore qu'il laiſſe des enfans, il ne leur tranſmet point l'eſperance qu'il auoit en la ſubſtitution, laquelle il n'a iamais *c* reconneu, ſi ce n'eſt que le teſtateur euſt auſſi appellé les enfans du ſubſtitué, car en ce cas l'eſperance ſeroit tranſmiſe ; & ce que nous venons de dire, qu'vne ſubſtitution pupillaire non iamais reconneuë par le ſubſtitué, n'eſt tranſmiſſible à ſes heritiers, a de meſme lieu en la fideicommiſſaire : toutesfois en cecy quelques vns font cette diſtinction ; entr'autrés *d* Pap. *e* Mayn. *f* Charond. *g* Mant. *h* Menoch. & *i* Fuſar. que ſi le teſtateur eſt aſcendant, & le

te ff. qui teſtam. fac poſſ. voyez Zaſſ ſur la fin du Traicté de la pupil. Subſtit.

a l. 21. §. Si ita ff. de vulg. & pupill.

b par la loy 2. C. de bonor. poſſ. contra tab. & la loy 2. C. de poſth. hæred. inſtitut.

c par la l. 10. Sed ſi plures ff. de vulg. & pupill. & par la l. 9. Si &c pluribus ff. de ſuis & legitimis. fideicomf au liu. 20. tit. 4.

d par la l. 41. coheredi ff. de vulg. & pupill. & comme dit Graſſ. au §.
miſſum, queſt. 68. e par la l. vnique §. Sin autem C. de caduc. toll.
tit. 3. Arr. 13. g au liu. 7. des Reſp. chap. 155. & liu. 13. chap. 54. h liu. 8.

ſubſtitué

ſubſtitué decede auant l'éuenement de la condition , laiſſant des enfans, la tranſmiſſion eſt faite au profit des enfans:
mais ſi le teſtateur eſt collateral , la tranſmiſſion ne ſe fait
point par les textes & authoritez cy deſſus alleguées ; & par
la Glo. de la l. vnique *C. de his qui ante apert. tabul.* & la
Glo. de la l. 57. *hæredes mei §. cum ita ff. ad trebell.*

QVESTION XXIX.

Cette derniere queſtion ſeruira d'epilogue à toute cette
matiere de la pupillaire Subſtitution , & donnera aduis au
Lecteur , que l'intelligence de cette matiere n'eſt pas beaucoup neceſſaire , ſinon quand il s'agit des biens qui ſont ſituez dans les reſſorts des Parlemens de Thoulouſe, Grenoble , Bourdeaux & Dijon , chez leſquels la diſpoſition du
Tertullien eſt encore en vſage : mais pour les biens ſituez
dans les reſſorts des Parlements de Paris, Aix & autres, chez
leſquels l'Edit du Roy Charles IX. donné à S. Maur dero-
geant audit Tertullien, a eſté receu : Cette connoiſſance eſt
aſſez indifferente , parce que par cét Edict le Roy declare
vne mere incapable de ſucceder à ſon enfant decedé ſans
teſtament , ſinon aux biens meubles & conqueſts à luy aduenus d'autre coſté que de la ligne paternelle , & en l'vſufruict de la moitié des biens aduenus audit enfant du meſme coſté, non en la proprieté ; & de cette ſorte la diſtinction
que nous auõs apporté entre l'expreſſe & la tacite pupillaire
Subſtitution, & ſi par icelles la mere eſt excluſe des biens de
ſon enfant, ou non, eſt inutilemet traictée pour les biens que
l'enfant auoit dãs l'eſtéduë des Parlemés de Paris & Aix. I'ay
dit d'vn enfant decedé ſans teſtament , parce que ſi cét enfant capable de faire teſtamét, fait ſa mere heritiere, meſmes
és biens qui luy ont eſté laiſſez par ſon pere ; ou que par diſpoſition dudit pere, la mere ſoit ſubſtituée à ſon enfant, rien
n'empeſche qu'en ce cas elle ne ſuccede, comme feroit toute autre perſonne que l'enfant inſtitueroit , & auquel d'ailleurs ne ſe rencontreroit aucune incapacité.

TRAICTÉ

TRAICTÉ
DES
SVBSTITVTIONS,

TROISIE'ME PARTIE.
De l'exemplaire Substitution.

QVESTION I.

V'EST-CE que Substitution exemplaire ? C'est vne disposition par laquelle le pere & la mere faisant testament, substituent directement à leur enfant qui est insensé, ou muet & sourd, ou prodigue au temps que la Substitution est faite, & au temps que le testateur decede : vne personne laquelle vray semblablement l'insensé, muet & sourd, ou prodigue institueroit s'il pouuoit faire testament.

G   *Question*

QVESTION II.

Donnez-moy la raiſon de chacun de ces mots que vous
auez mis dans cette definition, i'ay dit pere & mere, pour
monſtrer qu'il n'y a que le pere & la mere, ou autres aſcen-
dans naturels & legitimes, & non les deſcendans ny collateraux qui puiſſent ſubſtituer exemplairement. I'ay dit à
leur enfant inſenſé, muet & ſourd, ou prodigue, pour
monſtrer qu'il n'y a que les deſcendans inſenſez, ou muets,
& ſourds, ou prodigues, auſquels on puiſſe ſubſtituer exemplairement, & non à autres. I'ay dit vne perſonne laquelle
vrayſemblablement l'inſenſé, muet & ſourd, ou prodigue,
inſtitueroit s'il pouuoit faire teſtament : parce que s'il arriue qu'vn fils inſenſé, ou muet & ſourd ait des enfans, il
n'eſt pas permis au teſtateur ſubſtituant, de ſubſtituer audit fils inſenſé, muet & ſourd, autres perſonnes que ſes enfans, & non ſes freres; mais ſi le fils inſenſé n'a point d'enfans,
ains ſeulement des freres, ou des ſœurs : lors le ſubſtituant
ne peut ſubſtituer à ſondit fils autres perſonnes que leſdits
freres, ou ſœurs, & ceux-là defaillans, peut ſubſtituer tous
autres qu'il voudra. De la meſme definition, nous apprenõs
auſſi que ſi vn fils a ſon pere inſenſé, ou bien ſa mere, ou ſon
frere, il les peut bien faire heritiers, mais non pas leur ſubſtituer exemplairement. Nous apprenons qu'il faut que celuy
qui veut ſubſtituer exemplairement, faſſe teſtament, & que
dans iceluy, il faſſe heritier celuy à qui il veut ſubſtituer.

QVESTION III.

Quelles ſont les paroles leſquelles donnent la forme à
la ſubſtitution exemplaire? Ie dis que ce ſont celles-cy. Si
vn teſtateur a vn fils inſenſé, muet & ſourd, ou prodigue,
& le veut faire heritier, & luy ſubſtituer exemplairement,
il faut qu'il vſe de ces termes : Ie fais mon fils (qui eſt inſenſé,
ou muet & ſourd, ou prodique) mon heritier, & s'il meurt

en

en sa folie, mutité & surdité, & prodigalité, ie luy substituë
Seius, ce qui s'appelle substituer exemplairement, expressement.

QVESTION IV.

Pourquoy est-ce qu'on a appellé cette Substitution exemplaire ? Ie dy que c'est à l'exemple de la pupillaire Substitution, parce que comme l'Empereur Iustinien eut consideré
qu'vn enfant impubere ne pouuoit faire testamét, ny se pouruoir d'vn heritier, & que de necessité si quelque autre ne le
faisoit pour luy, cét enfant decederoit sans testament & sans
heritier, ce qui causeroit des querelles & des procez, pour
raison de ses biens, entre ses parens suruiuans : pour à quoy
obuier il inuenta le remede de la pupillaire Substitution , &
permit au pere, ou ayeul paternel de cét enfant de luy substituer pupillairement, qui n'est autre chose que faire le testament pour le pupil : de mesme à l'exemple de cette pupillaire Substitution le mesme Iustinien considerant que le
mesme inconuenient arriueroit en la personne de l'insensé,
muet & sourd, ou prodigue , lesquels sont incapables de
faire testament ; & que si quelque autre ne le faisoit pour
eux , ces personnes decederoient sans heritiers , & par ce
moyen verroit-on des procez pour le sujet de leurs biens,
c'est la raison pour laquelle (desirant d'obuier à cela) il vou-
lut permettre aux peres & meres de ces personnes insensez,
muets, & sourds, ou prodigues de les substituer exemplairement, c'est à dire de les pouruoir d'heritier : & de là cette
Substitution a esté nommée exemplaire, comme ayant esté
inuentée à l'exemple de la *a* pupillaire.

QVESTION V.

Sur ce que nous auons dit en la 2. question, que si l'enfant
insensé a des enfans sages, &iudicieux, il faut que l'ayeul testateur les luy substituë & non autre , Ie demande s'il y a
plusieurs de ces enfans sages , faudra-il qu'il les substituë
tous, ou bien s'il suffira d'en substituer vn ou deux, & laisser

 aux

a c'est ainsi
que l'ensei-
gne la loy
humanita-
tis C. de
impuber.
& aliis
Substitut.

aux autres leur legitime, ou bien s'il ſera permis à l'ayeul de paſſer les autres ſous ſilence. *a* Bartol. & la Glo. *b* tiennent qu'il ne ſuffit pas d'en ſubſtituer vn , & paſſer les autres ſous ſilence : mais que de neceſſité il faut que la legitime ſoit laiſſée à chacun : car le teſtateur ſubſtituant doit faire ce que le furieux feroit s'il pouuoit teſter. Or eſt-il qu'il ne pourroit laiſſer en oubly ſes propres enfans, doncques le teſtateur ne le peut de meſme faire. D'ailleurs n'eſt-il pas veritable, que ſi vn fol apres la Subſtitution à luy faite, vient à auoir des enfans, deſquels l'ayeul ſubſtituant n'auoit fait mention en la Subſtitution, cette Subſtitution eſt *c* rompuë par cette ſuruenance d'enfans, doncques par parité de raiſon, il en doit eſtre de meſme ſi les enfans ja nays ſont mis en oubly, laquelle opinion de Bart. a eſté ſuyuie par Alex. en ladite loy *humanitatis* , & par Graſſ. au §. *Subſtitutio* , *quæſt.* 47. ſans faire conſideration ſur vne autre opinion contraire, tenuë par Richard. Malumbrenſ. lequel ſouſtient qu'il ſuffit à l'ayeul paternel de ſubſtituer à ſon fils fol, vn de ſes neveux, encore qu'il laiſſe tous les autres en oubly, & ſe fonde ſur l'argument de la loy 8. *Papinianus,§.ſed nec impuberis ff. de inoff. teſtam.* & ſur ladite loy *humanitatis,* en ces mots *nulla querela,* & encore ſur l'objection qu'on peut faire de la ſuſdite l. *ex facto ff. de vulg. & pupill.* ſçauoir que ſi le pere ſubſtituant à ſon fils furieux, peut laiſſer en oubly la propre mere de l'enfant furieux : Ce que neantmoins le furieux ne pourroit faire s'il teſtoit, ainſi que tiennent Bened. *d* & Graſſ. *e* pourquoy ne pourroit-il pas laiſſer en oubly les neveux de l'enfant furieux , encore que le furieux ne le peut faire : leſquelles raiſons toutesfois n'ont preualu contre l'opinion de Bart. & de Gloſſ. tenant reſolument qu'il ſuffit à l'ayeul de ſubſtituer à l'enfant inſenſé vn de ſes neveux ſages, & aux autres laiſſer leur legitime. Que ſi les enfans du fils furieux ſont auſſi inſenſez comme leur pere , lors l'ayeul n'eſt obligé de ſubſtituer aucun d'eux : mais ſuffit de leur laiſſer leur legitime, & ſubſtituer les freres dudit enfant furieux.

Queſtion

QVESTION VI.

Si quelqu'vn a vn enfant impubere & infensé, tout en-
semble, luy peut-il subftituer pupillairement & exemplairement tout en mefme temps : Ie dy que non, mais feulement pupillairement, iufques à ce qu'il aura accomply l'â-
ge de puberté : & apres cét âge accomply, la Subftitution
exemplaire aura lieu. Si donc vn teftateur ayant vn fils impubere & infensé, difoit ainfi : Si mon fils decede en pupillarité, ie luy fubftituë Seius ; & s'il decede en fa folie, ie
luy fubftituë Meuius: mettons le cas que ce fils decede impubere & dans fa folie, qui des deux fubftituez fera preferé, ou de Seius, ou de Meuius : Ie dy que ce fera Seius, mais
fi le fils apres auoir paffé la puberté decede infensé ; Ie dy
que ne fe parlant plus de Seius, Meuius feul fuccedera. Si
auffi vne mere ayant vn fils impubere & infensé luy fubftituë pupillairement & exemplairement, cette Subftitution ne
vaudra que comme exemplaire, non comme pupillaire, felon Zafius & Graff. en la matiere de l'exemplaire Subftitution.

QVESTION VII.

Si vn teftateur ayant vn enfant furieux, riche de foy, &
ayant des biens autres que ceux que le teftateur luy laiffe-
ra, luy fubftituë exemplairement [le cas de Subftitution
auenant] ie demande fi le fubftitué fe pourra dire maiftre
des deux fortes de biens, tant du teftateur, que ceux qui
eftoient propres aux furieux : Ie dy qu'ouy, fans aucune diminution, ny diftraction de legitime, ny de trebellianique.
Voilà pourquoy i'ay appofé en la definition ce mot *directement*, la force & efficace duquel eft d'enfeigner & fignifier
ce que ie viens de dire.

QVESTION VIII.

Mais ie suppose en suite de cela , vn pere & vne mere ont vn enfant furieux non emancipé, lequel a vn heritage qui n'est prouenu du costé paternel , ny du costé maternel , chacun d'eux fait son testament à part , &
font tous deux leur fils leur heritier , & le pere dit ainsi : Si
mon fils decede en sa folie, ie substituë Titius , & la mere
dit ainsi : Si mon fils decede en sa folie , ie substituë Seius:
arriue que le fils decede en sa folie, quel effet auront ces
deux substitutions ? Ie respons que d'abord il semble que
Titius substitué par le pere, deuroit auoir tous les biens dudit pere, & outre ce , tous les biens propres dudit fils , &
Seius substitué par la mere, deuroit auoir tous les biens maternels, & rien plus , parce que le plus de droict que le pere
a sur son fils , fait que le substitué par le pere doit auoir plus
de prerogatiue que celuy qui a esté substitué par la mere:
mais si le fils furieux auoit esté autresfois emancipé par le
pere auant le testament par luy fait, lors le substitué par le
pere, auroit les biens paternels : & le substitué par la mere
auroit les biens maternels , & par apres entre eux deux
ils partageroient également les biens qui estoient propres
audit fils. Graßus *b* toutesfois tient indistinctement que
soit que le pere ait son fils en sa puissance, ou non, les deux
substituez par les pere & mere, sont appellez également aux
biens que l'heritier auoit , prouenus d'ailleurs que du costé
paternel ou maternel , & dit que c'est l'opinion de *c* Ripa,
& de *d* Corras.

QVESTION IX.

Vn pere vil & abject ayant vn fils infensé , qui auant la
folie , eſtoit homme de condition , & releué en dignité, luy
peut-il ſubſtituer exemplairement , c'eſt à dire , le peut-il
faire heritier , & puis dire , que s'il decede en ſa folie , il luy
ſubſtituë vn tiers ? Ie reſpons , que ſi audit pere auoit eſté
oſtée l'adminiſtration des biens de ſon fils , cauſant ſa vilité : de meſme la faculté de ſubſtituer exemplairement luy
doit eſtre oſtée , *a* toutesfois Graſſ. au §. *Subſtitutio quaſt.*
45. tient que quelle vilité qu'il y ait au pere , pourueu qu'il
ne ſoit eſté declaré prodigue , & incapable de pouuoir teſter , il peut ſubſtituer exemplairement.

QVESTION X.

Vn teſtateur ayant vn fils furieux , le fait heritier , & s'il
decede en ſa folie , luy ſubſtituë Iean : ce fils eſt reſtitué en
ſon bon ſens , & ne veut point l'heritage du teſtateur ſon
pere, on demande ſi l'expreſſe exemplaire ſubſtitution contient ſous ſoy la vulgaire tacite , c'eſt à dire : Si celuy qui a
eſté ſubſtitué exemplairement , & ne pouuant la ſubſtitution exemplaire auoir ſon effet, à cauſe du bon ſens ſuruenu
à l'heritier , aura l'heritage du teſtateur en vertu de la tacite
vulgaire , comprinſe ſous l'expreſſe exemplaire ? Ie reſpons
qu'ouy : mais ſi l'heritier auquel aura eſté ſubſtitué vulgairement (c'eſt à dire au cas qu'il ne ſoit heritier) eſt furieux
apres l'acceptation de l'heritage par luy faire , & decede
puis apres furieux, la tacite exemplaire ſubſtitution ſera-
elle comprinſe ſous l'expreſſe vulgaire , c'eſt à dire , celuy
ne pourra eſtre ſubſtitué en vertu de la vulgaire , finie par
l'acceptation que l'heritier a fait de l'heritage ; le pourra-il
eſtre en vertu de la tacite exemplaire , puis que l'heritier
apres auoir accepté l'heritage, decedera furieux ? Ie reſpons
que ſi au temps du teſtament contenant la ſubſtitution vulgaire, l'heritier qui a accepté eſtoit dépourueu de ſens,

& decede

*a par la loy
22. Si cum
dotem §.
eo autem
tempore ff.
Sol. matri-
ma. & la l.
fin. C. de
ſentent.
paſſ.*

& decede en cét eſtat, lors la vulgaire expreſſe n'ayant point
de lieu, ſi aura bien l'exemplaire tacite : mais ſi au temps dudit teſtament l'heritier eſtoit bien ſenſé , & ayant accepté
l'heritage deuient furieux par quelque accident , & decede
en cét eſtat , lors comme l'expreſſe vulgaire eſt eſteinte par
l'acceptation : le meſme en eſt-il de l'exemplaire, parce que
encore qu'il peut arriuer que cét heritier bien ſenſé des le
commencement peut deuenir inſenſé , il ne ſe faut iamais
attendre , ny apprehender vne mauuaiſe & ſiniſtre fortune,
comme diſent Bart. *a* & *b* Bened. & diſent encore de plus,
Que ſi vn teſtateur ayant vn fils impubere & furieux tout
enſemble, le fait heritier , & luy ſubſtituë non pupillairement, ny exemplairement, mais vulgairement ; en ce cas
s'il arriue que ce fils apres auoir accepté l'heritage par le
moyen de ſes tuteurs, decede impubere, lors la tacite pupillaire aura lieu, & ſi encore apres la puberté accomplie,
il decede furieux, la tacite exemplaire aura lieu.

QVESTION XI.

Vne Subſtitution exemplaire expreſſe , peut-elle conte-
nir ſouz ſoy vne autre exemplaire tacite, c'eſt à dire : ſi apres
auoir fait heritier mon enfant inſensé, ie dy : Si mon enfant
decede en ſa folie , ie ſubſtituë Iean : cét enfant ne decede
pas en ſa folie , au contraire bien ſenſé & bien iudicieux,
toutesfois il decede muet & ſourd , cauſant quelque accident qui luy eſt ſuruenu , celuy qui auoit eſté ſubſtitué au
cas que l'enfant mourut furieux , ſera-il ſubſtitué, parce que
ledit enfant eſt decedé muet & ſourd : Ie répons que ſi au
temps du teſtament, contenant cette Subſtitution, mon enfant n'eſtoit pas ſeulement fol , mais encore muet & ſourd,
& ayant recouuert ſon bon ſens, decede en l'eſtat de mutité & ſurdité , lors le ſubſtitué en cas de folie , ſera appellé,
cette folie eſtant ceſſée, en cas de mutité & ſurdité : mais ſi
en ce temps là mon enfant n'eſtoit ny muet, ny ſourd, mais
que la mutité & ſurdité par quelque accident luy ſoient ſur-

uenus

uenuë puis apres , lors vne expresse substitution exemplaire
ne comprendra point sous soy vne autre tacite substitution exemplaire , par la raison que nous auons ja dit , qu'il
n'y auoit lieu d'apprehender qu'vn tel accident deust arriuer
à mon fils , par la doctrine de Bart. en ladite loy *ex
facto.*

QVESTION XII.

Vne mere vefue fait heritier son fils furieux , & luy substituë exemplairement , puis apres elle se remarie : on demande , si parce qu'elle s'est remariée, la substitution exemplaire doit cesser ? Ie respons apres *a* Bart. & *b* Grass. qu'elle doit cesser : mais (dit ledit Grass.) si la substitution faite
par la mere se treuue faite apres les secondes nopces, en ce
cas elle doit tenir : toutesfois Bal. & *c* Ioann. de Imola, &
Aretin. tiennent , qu'audit cas il conuient considerer la qualité de la personne substituée, veu qu'apres cette considera-
tion faite ; quelquesfois la substitution deura tenir , & quelquesfois non : elle deura tenir, si la mere a substitué à son
fils furieux la personne que ledit fils eust vray-semblable-
ment fait son heritier , s'il eust pû tester , comme seroit son
enfant , ou son frere dudit fils, elle ne deura tenir. Si la mere a substitué vne personne à laquelle ledit fils n'eust iamais
pensé , quand bien il eust pû faire testament : par exemple
son second mary , ou autres : car pour le second mary , il
n'est pas volontiers beaucoup affectionné aux enfans que
sa femme a eu d'vn autre & precedent mary : de sorte que
le Iuge doit estre en cela circonspect , & iudicieux : mais
pour le pere , qui apres auoir substitué exemplairement à
son fils furieux , se remarie, cela n'annulle en façon quelconque la substitution, comme a esté iugé à Paris : tesmoin
Monthol. Arrest 121.

 Question

QVESTION XLII.

En quoy conuiennent les ſubſtitutions pupillaire & exé-
plaire ? Ie dis qu'elles conuiennent en cinq cas. Premierement, comme celuy qui veut ſubſtituer pupillairement à
ſon enfa t pupil, le doit faire heritier pour vn prealable;
auſſi doit faire celuy qui veut ſubſtituer exemplairement à
ſon enfant furieux, autrement ils ne leur peuuent ſubſtituer. Secondement, comme la pupillaire ſubſtitution eſt
infirmée quand le teſtateur vient en vn eſtat auquel il ne
puiſſe teſter, comme s'il eſt condamné à vn banniſſement,
ou galeres perpetuelles : le meſme en eſt-il de l'exemplaire
ſubſtitution, ſi celuy qui l'a fait eſt deuenu inteſtable. Troiſiéme, tout ainſi qu'il faut pour faire qu'vne pupillaire ſubſtitution vaille, que celuy auquel on ſubſtituë ſoit en la puiſſance du teſtateur au temps du teſtament, & au temps de
ſon decez : de meſme, il faut que celuy auquel on ſubſtituë
exemplairement, ſoit fol au temps du teſtament, & au
temps du decez du teſtateur. Quatriéme, comme la pupillaire ſubſtitution expreſſe exclud la mere de l'heritier pupil, de tous les biens qui ont appartenu audit pupil, & de la
legitime & trebellianique qu'il pouuoit pretendre ſur les
biens de ſon pere : auſſi l'expreſſe exemplaire ſubſtitution
exclud la mere de l'heritier furieux de tous les biens, & des
legitime & trebellianique qu'il pouuoit eſperer ſur les biens
de ſon pere. Cinquiéme, comme par la tacite pupillaire
ſubſtitution, comprinſe ſous la vulgaire expreſſe, la mere
de l'heritier pupil n'eſt *a* excluſe : de meſme par la tacite
exemplaire ſubſtitution comprinſe ſous toute autre ſubſtitution, la mere de l'heritier fol n'eſt excluſe.

QVESTION XIV.

En quoy ſont differentes ces deux ſubſtitutions pupillaire, & exemplaire ? Ie dis qu'elles ſont differentes en quatre

cas. Premierement en ce qu'on ne subftituë iamais pupillairement , sinon à ceux qui sont impuberes ; mais l'exemplaire subftitution se fait auffi bien aux puberes qu'aux impuberes , s'ils sont infensez , ou muets & sourds , ou prodigues. Secondement on ne subftituë pupillairement , sinon à ceux qui sont en la puiffance du subftituant : mais en
l'exemplaire subftitution, on ne regarde pas si celuy à qui
l'on subftituë , est en la puiffance du subftituant, ou non, car
vne mere la peut faire. Troisiéme, en la pupillaire subftitution toutes sortes de personnes peuuent indiftinctement
estre subftituées : ce qui n'est pas permis en l'exemplaire, en
laquelle n'y a que les enfans, ou les freres & sœurs de l'heritier infensé , qui puiffent estre subftituez, sinon à leur defaut tout autre personne. Quatriéme , la puberté met fin à
la pupillaire subftitution , & la santé , ou sain iugement, met
fin à l'exemplaire.

QVESTION XV.

En quoy differe l'exemplaire subftitution de la vulgaire?
Ie dis qu'elle differe en trois cas. Premierement par l'exemplaire subftitution deux succeffions sont acquifes au subftitué , sçauoir la succeffion du teftateur subftituant , & celle
de l'heritier : mais par la vulgaire subftitution , il n'y a qu'v-
ne succeffion qui soit acquife au subftitué , sçauoir celle du
teftateur. Secondement, la vulgaire subftitution peut estre
faite par toutes sortes de personnes, soit afcendans, defcendans, ou collateraux : mais l'exemplaire ne peut estre faite
que par afcendans. Troisiéme , on peut subftituer vulgairement à toute sorte d'heritier , soit afcendans , defcendans, ou collateraux, capables ou incapables : mais on ne
peut subftituer exemplairement qu'aux enfans fols , ou
muets & sourds , & aux prodigues.

 Question

QVESTION XVI.

En quoy differe l'exemplaire substitution de la fideicommiffaire ? Ie dis qu'elle differe en trois cas. Premier,
l'exemplaire substitution ne peut estre faite que par les
ascendans aux descendans , & la fideicommiffaire peut
estre faite par toute personne laquelle peut tester , & à
toute personne capable de succeder aux biens du testateur. Seconde , l'exemplaire substitution ne peut estre faite , sinon des enfans , ou freres de l'heritier institué : Mais la
fideicōmiffaire peut estre faite au profit de toute autre personne que des enfans, ou freres de l'heritier, pourueu qu'elle soit capable de succeder au testateur. Troisiefme, l'exemplaire substitution est directe, c'est à dire, que d'icelle on ne
detraict ny legitime, ny trebellianique de l'heritier institué, non pas mesmes ses autres biens, à luy prouenus d'ailleurs que de ses pere & mere : mais le tout appartient au
substitué , & en la fideicommiffaire substitution , l'heritier institué (s'il est enfant du testateur) peut retenir premierement ses biens propres : secondement sa legitime &
trebellianique sur les biens de ses pere & mere ; & s'il est
estranger , sa trebellianique seulement sur les biens du
testateur, & ses biens propres , lesquels biens propres legitime & trebellianique , appartiendront au plus proche
parent de l'heritier institué à l'exclusion du substitué.

Question.

QVESTION XVII.

Titius a vn fils nommé Seius , & de ce fils il a vn neveu qui s'appelle Lucius , lequel eſt infenſé , ou muet, & fourd. Titius ayeul le veut faire heritier, & luy fub-ſtituer exemplairement, s'il decéde en ſa folie , ou en ſa mutité & furdité, on demande s'il le peut faire : la raiſon de douter eſt , d'autant qu'apres la mort du teſtateur fub-ſtituant , Lucius neveu, qui eſt infenſé, ou muet & fourd, retombera en la puiſſance de Seius ſon pere ; & en cette façon ne luy peut eſtre ſubſtitué exemplairement, ainſi que dit Graſſius au §. *Subſtitutio* , *quæſtio* 43. alleguant Bartole l'auoir ainſi tenu. Mais Zaſius en la matiere de l'exemplaire Subſtitution , tient le contraire , fondé ſur cette raiſon ; Qu'en matiere d'exemplaire Subſtitution on n'a égard ſi celuy à qui l'on ſubſtituë eſt en puiſſan-ce de pere , ou non : Deſquelles deux opinions , qui me demanderoit laquelle eſt la plus ſouſtenable , Ie dirois que c'eſt celle de Graſſus , conſideré l'eſtat de la perſon-ne de l'heritier , eſtant en puiſſance du pere.

QVESTION XVIII.

Comme finit cette exemplaire ſubſtitution? Ie dis qu'el-le finit quelquesfois par la faute du teſtateur , qui l'a faite, comme s'il ne la pouuoit faire pour n'auoir le droit de teſter: ou bien ſi apres l'auoir fait , il vient en eſtat auquel il ne puiſſe faire teſtament , par exemple : s'il eſt depoité , ou banny perpetuellement : quelquesfois elle finit par le de-faut du teſtament , comme s'il eſt reuoqué ou cancellé, quelquesfois par le defaut du ſubſtitué, comme s'il decede auant le teſtateur , ou bien auant l'heritier inſtitué , quel-quesfois elle finit du fait de l'heritier inſtitué , comme ſi n'eſtant continuellement fol , mais ayant des bons inter-ualles , il fait dans ces interualles luy meſme ſon teſtament,

& par iceluy ſe pouruoit d'vn heritier autre que celuy qui
luy auoit eſté donné , par ſon pere, ou par ſa mere, ou bien,
quand apres la ſubſtitution faite , ſuruient à l'heritier fol,
muet & ſourd, ou prodigue, vn enfant naturel & legitime,
& bien ſenſé : car vn tel enfant reuoque, & fait ceſſer la
ſubſtitution faite à ſon pete , ou bien quand l'heritier fol,
muet & ſourd, ou prodigue, pour quelque delict , par
luy commis auant l'égarement de ſon ſens , eſt deporté,
ou condamué à quelque mort ciuile : ce ſont à peu prés
toutes les obſeruations qu'on peut faire ſur la matiere de
l'exemplaire Subſtitution.

TRAICTE'

TRAICTE

DES

SVBSTITVTIONS,

QVATRISIE'ME PARTIE.

De la reciproque Substitution.

QVESTION I.

Q V'appellez-vous reciproque Substitution?
I'appelle Substitution reciproque celle qui
se fait entre plusieurs heritiers instituez, &
puis apres entre eux reciproquement substituez, comme si le testateur a dit : Ie fais
heritiers Pierre & Iean , & les substituë
reciproquement l'vn à l'autre.

QVESTION II.

Qu'est-ce qu'il faut principalement considerer en la reciproque Substitution ? Ie dy qu'il faut principalement
considerer

conſiderer ſi les deux heritiers qui ſont reciproquement
ſubſtituez, ſont perſonnes égales, ou s'ils ſont perſonnes inégales.

QVESTION III.

Qu'appellez-vous perſonnes égales, ou inégales en ce
ſujet ? l'appelle perſonnes égales, ſi les deux heritiers ſont
puberes, ou tous deux impuberes, s'ils ſont tous deux bien
ſenſez, ou tous deux infenſez : perſonnes inégales ſont
quand l'vn des deux heritiers eſt pubere, l'autre impubere:
l'vn ſenſé, l'autre infenſé.

QVESTION IV.

De quelle importance eſt cette conſideration ? Ie dy qu'il
importe de ſçauoir cela, parce que ſi les deux heritiers ſont
perſonnes égales, par exemple, s'ils ſont puberes, lors ſous
l'expreſſe reciproque ſubſtitution ſont contenuës toutes les
ſubſtitutions, leſquelles peuuent eſtre verifiées, & auoir
lieu en la perſonne de tous les deux heritiers. Ie ſuppoſe
donc, que les deux heritiers ſoyent puberes, & reciproquement ſubſtituez, lors il n'y a que la vulgaire ſubſtitution qui puiſſe eſtre ſous entenduë en cette reciproque
ſubſtitution : parce que l'vn & l'autre de ces deux heritiers
peut vouloir, ou ne vouloir, pouuoir ou ne pouuoir auoir
l'heritage auquel il a eſté inſtitué, & partant dés auſſi-toſt
que les deux heritiers ont accepté l'heritage, toute autre
ſubſtitution eſt expirée, & n'y a point d'eſperance que l'autre coheritier ſe puiſſe iamais preualoir d'aucune autre ſubſtitution, ny qu'il ſe puiſſe dire maiſtre de la portion acceptée par ſon compagnon, quoy qu'apres cette acceptation il puiſſe arriuer que l'heritier qui aura accepté, decede
furieux, ou ſans enfans, car encore qu'il decede furieux ou
ſans enfans, ſuffit qu'il ait vne fois accepté pour exclurre
le coheritier : mais ſi les deux heritiers & ſubſtituez reciproquement

quement font impuberes, lors fous cette reciproque fubftitution peuuent eftre fous entenduës la vulgaire & la pupillaire fubftitution : la vulgaire, fi l'vn d'eux ne veut ou ne
peut eftre heritier, pour en eftre incapable, ou predecedé
au teftateur : la pupillaire, fi l'vn de fefdits heritiers ayant
accepté l'heritage par l'entremife de fon tuteur, ou non, decede impubere: mais l'exemplaire fubftitution n'y peut eftre
fous entenduë nonobftant qu'il aduienne par apres que l'vn
defdits heritiers infenfez decede : car nous auons fuppofé
qu'au temps du teftament contenant la fubftitution, les
deux heritiers eftoient fains d'entendement : fi bien que
ores ils foyent par apres tombez dans vne demence, ou l'vn
d'eux : il n'y auoit lieu d'apprehender cét inconuenient, fi
de mefme les deux heritiers eftoient, lors du teftament,
impuberes & fols tout enfemble, lors trois fubftitutions peuuent eftre comprinfes en cette reciproque fubftitution : la
vulgaire, fi l'vn d'eux n'eft heritier pour ne le pouuoir
eftre, caufant fon predecez : la pupillaire, fi l'vn d'eux
decede en pupillarité ; l'exemplaire, fi apres la puberté
accomplie, l'vn defdits heritiers decede infenfé : que fi l'vn
defdits heritiers eft pubere, l'autre impubere, en ce cas on
n'y peut comprendre la fubftitution pupillaire, parce qu'elle ne peut pas eftre verifiée, finon en l'vn defdits heritiers
fçauoir en l'impubere : & ne pourra iamais arriuer que celuy qui vne fois eft pubere, decede impubere ; de forte
qu'encore que l'impubere decede en pupillarité, il ne faut
pas pour cela dire que le furuiuant qui eft pubere, luy doiue fucceder en vertu de la tacite pupillaire, comprinfe fous
la reciproque ; d'autant que l'impubere ne pouuoit iamais
auoir cette efperance fur luy, de luy pouuoir fucceder pupillairement, puis qu'il eftoit pubere, & ne feroit raifonnable que le pubere euft deux efperances fur fon compagnon,
quand le compagnou n'en auoit qu'vne fur luy, les deux
efperances feroient au pubere, de fucceder à l'impubere par
deux fubftitutions, fçauoir par la vulgaire, & par la pupillaire : par la vulgaire, fi l'impubere n'eftoit heritier : par la

I   pupillaire,

pupillaire, s'il eſtoit heritier, & puis qu'il decedaſt en pupillarité : la ſeule eſperance que l'impubere auroit ſur le pubere, ſeroit de la vulgaire ſubſtitution, tant ſeulement ſi
l'heritier pubere ne vouloit ou ne pouuoit eſtre heritier :
car pour la pupillaire, il ne la pourroit auoir.

QVESTION V.

Quelle ſubſtitution eſt donc ſous entenduë en cette reciproque ſubſtitution, ſuppoſé que l'vn des heritiers ſoit
pubere, l'autre impubere ? Ie reſpons, que la pupillaire ne
pouuant eſtre verifiée en la perſonne de celuy qui eſt pubere, il n'y a par conſequent que la vulgaire qu'on puiſſe ſous
entendre en la reciproque ſubſtitution ; parce qu'il n'y a
que celle-là qui puiſſe eſtre verifiée en tous deux, & partant dés auſſi-toſt que l'impubere a accepté l'heritage, toute eſperance de ſubſtitution eſt oſtée au pubere ſuruiuant;
la vulgaire, par l'acceptation que l'impubere a fait de ſa
portion : la pupiliaire, parce qu'il ne ſeroit pas raiſonnable
que le pubere fuſt appellé par plus de ſubſtitutions en la
portion de l'impubere, que le pubere ne ſeroit en la
ſienne.

QVESTION VI.

Que dirons-nous, ſi les deux heritiers reciproquement
ſubſtituez, ſont puberes & inſenſez tout enſemble, quelles
ſubſtitutions ſous entendrons-nous en cette reciproque
ſubſtitution ? Ie dy que non pas la pupillaire, parce qu'il ne
peut pas arriuer qu'aucun d'eux decede impubere ; mais
ſeulement la vulgaire & l'exemplaire : la vulgaire, s'il arriue que quelqu'vn d'eux ne veuille ou ne puiſſe eſtre heritier, pour eſtre predecedé au teſtateur : l'exemplaire, ſi
l'vn & l'autre eſtant heritier par le moyen de leur curateur,
arriue puis apres que quelqu'vn d'eux decede en ſa demence : car en ce cas le ſuruiuant luy ſuccedera en vertu de
l'exemplai

l'exemplaire tacite, laquelle neantmoins n'aura pas tant d'effet, comme s'il euft fuccedé par l'exemplaire expreffe.

QVESTION VII.

Mais fi l'vn des heritiers reciproquement fubftituez, eft fage, & l'autre infenfé ; l'exemplaire fubftitution y fera-elle fous entenduë ? Ie dy que non ; parce que le cas d'icelle ne peut arriuer en tous les deux, par exemple en celuy qui eft fage, fans qu'à cela ferue de dire que par malheur il peut arriuer que le fage deuiendra fol, & decedera en fa folie : car à cela on repart qu'il n'eft pas permis, ny bien feant d'artédre en celuy qui eft fage, vne mauuaife & finiftre fortune, & que de fage il deuienne fol : fi donc l'infenfé decede en fa demence, il ne faut pas penfer que le furuiuant qui eft fage luy doiue fucceder en vertu de l'exemplaire tacite, puis que le fol n'auoit pas cette efperance, ny cét auantage fur le fage, que de luy pouuoir fucceder en vertu de cette fubftitution exemplaire.

QVESTION VIII.

Quelle fubftitution eft donc comprinfe fous cette reciproque fubftitution en l'efpece cy-deffus propofée ? Ie dy, qu'il n'y a que la vulgaire feule, & non autre, que l'on y puiffe fous entendre ; de forte que dés auffi-toft que le fol par le moyen de fon curateur, aura accepté l'heritage, toute efperance de fubftitution eft perduë pour fon compagnon qui eft fage, parce qu'il n'eft raifonnable que le fage foit appellé par plus de voyes aux biens du fol, que le fol ne peut eftre appellé aux biens du fage.

QVESTION IX.

Cette matiere eſt aſſez bien expliquée aux eſpeces qui ont eſté iuſques icy propoſées , auſquelles nous n'auons ſuppoſé que deux heritiers ; mais la difficulté ſeroit bien plus grande quand il ſe rencontreroit trois heritiers qui ſeroient reciproquement ſubſtitués : par exemple , ſi le teſtateur auoit dit : Ie fais heritier Pierre , Iean, & François, & les ſubſtituë reciproquement l'vn à l'autre ; l'vn deſquels, ſçauoir Pierre ſeroit pubere , & les autres deux ſeroient impuberes : aduiendroit que Iean impubere decederoit en pupillarité , comme diſtribueroit-on ſa portion, ou également, ou inégalement entre Pierre & François : Pierre ſouſtient que la diſtribution ſe doit faire également entre luy & François : François dit qu'il y doit auoir plus de part que Pierre , & voicy ſa raiſon : Il dit que pour ſon regard , ſous cette reciproque ſubſtitution eſt contenuë la pupillaire , laquelle ne pouuoit iamais arriuer en la perſonne de Pierre, qui eſt pubere ; partant ledit Pierre s'il fuſt decedé le premier , pouuoit diſpoſer de ſa legitime & trebellianique, au profit de tout autre que de ſes coheritiers s'il euſt voulu, & en priuer leſdits coheritiers. Partant eſt-il raiſonnable qu'il ſoit de meſme priué de la legitime & trebellianique qui appartenoient à Iean, predecedé ſur l'heritage commun , & qu'en icelle François ſoit preferé à Pierre : parce que tout ainſi que ſi François impubere fuſt decedé le premier en l'âge de pupillarité, il ne luy eſtoit pas permis de fruſter ſon frere impubere de ſa legitime & trebellianique , puis qu'il n'en euſt peu teſter. Il faut auſſi qu'il ait le meſme auantage de ſucceder en la portion de Iean , que Iean euſt eu ſur la ſienne ; & de cette façon il demande de ſucceder ſeul en la legitime & trebellianique de Iean, & apres ces deux quartes deduites de la portion de Iean , qui font la moitié de ſa ſucceſſion , & adiugées par preciput à François, il conſent que l'autre moitié ſoit également diſtribuée entre ledit

Pierre.

Pierre & luy, ledit Pierre repart que l'auantage pretendu
par ledit François sur la portion de Iean , auroit quelque
fondement & apparence s'il n'y auoit que deux heritiers:
mais s'y en trouuant trois, ce seroit vne absurdité & iniu-
stice que deux Substitutions eussent lieu en la personne de
François , & qu'vne seulement eust lieu en la personne de
Pierre ; & que ce n'est pas la coustume qu'vne doctrine soit
expliquée en telle façon qu'elle ait deux effets diuers , ou
pour mieux dire , pairs & impairs : comme dit *a* Bart. sui-
uy de Zas. & Grass. en leurs Traictez de la reciproque Substitution : donc Pierre conclud que sans auoir égard aux
termes du testament , qui forment la Substitution reciproque , la voye de Succession *ab intestat* soit ouuerte pour la
portion de Iean ; & qu'en icelle les deux coheritiers suruiuans succedent également. Cette opinion est fondée sur la
loy 37. *vel singulis ff. de vulg. & pupill.* où est dit que le testateur a entendu de conseruer aux coheritiers le droit de
legitime succession.

a en la loy Lucius ff. de vulg. & pupil.

QVESTION X.

Titius a ainsi fait son testament , Ie fais mes deux fils
heritiers vniuersels, & mes deux filles ie les fais heritieres
en telle maison, ou bien en mille escus, & substituë tous
mes heritiers reciproquement l'vn à l'autre : s'il arriue que
l'vn des deux fils repudie sa part, ou decede en pupillarité
qui succedera en l'autre part , ou l'autre fils seulement qui
est heritier vniuersel auec le repudiant, ou les filles qui sont
heritieres en certaines choses : c'est à dire en cette maison,
ou en mille escus : Ie dy que ce sera l'autre fils seul , & non
les filles, par ce que entre successeurs par vn droit diuers
le droict d'accroistre n'a iamais *b* lieu.

b par la loy 1. §. Si ex fundo ff. de hered. in-stit.

QVESTION XI.

Vn teſtateur riche de douze cens eſcus, laiſſe trois enfans qu'il inſtituë également , & les ſubſtituë reciproquement l'vn à l'autre : l'vn d'iceux decede ſans enfans & ſans
teſtament, ſi bien que ſa portion tant legitime que trebellianique , que auſſi la maſſe hereditaire appartient directement & également aux autres. En apres vn autre decede
auſſi ſans enfans, mais non pas ſans teſtament, car il diſpoſe au proffit d'vn autre que de ſon frere , comme diſtri-
buera on la part du dernier decedé , entre ſon heritier &
le ſubſtitué.   Faut dire que la portion hereditaire du premier decedé eſtant de quatre cens eſcus , ſa legitime eſtoit
de quatre cens liures , & ſa trebellianique de deux cens,
leſquelles deux quartes(faiſans la moitié de la portion dudit premier decedé) ont apparteuu à ſes deux freres par
droict de ſucceſſion, & par égales portions; c'eſt à ſçauoir
trois cens liures chacun , & les autres ſix cens liures faiſans
l'autre moitié de ladite portion , leur ont auſſi appartenu
par droict de Subſtitution : Doncques des trois cens liures
aduenuës au ſecond decedé par ſucceſſion de la legitime &
trebellianique dudit premier decedé , ledit ſecond en a peu
diſpoſer comme bon luy a ſemblé ; partant cela appartient
à ſon heritier , & non au frere ſubſtitué : comme auſſi de ſa
legitime qui eſtoit quatre cens liures ; & de ſa trebellianique qui eſtoit deux cens liures : mais du ſurplus, ſçauoir des
trois cens liures aduenuës au ſecond decedé de la portion
du premier decedé par droict de Subſtitution : ny auſſi des
ſix cens liures qui luy ſont reſtez de ſa portion hereditaire,
apres ſa legitime & trebellianique deduictes , il n'en a pas
peu diſpoſer, ains tout cela appartient au dernier ſuruiuant
des enfans du teſtateur par droict de Subſtitution : En ſorte
que tout bien compté , de tout l'heritage , conſiſtant en
douze cens eſcus, le dernier viuant en aura neuf cens eſcus,
& l'heritier dudit ſecond decedé en aura trois cens, c'eſt
ainſi que Bart. la decidé en ſon Conſeil 145.

Queſtion

QVESTION XII.

Titius fait plufieurs heritiers fans les fubftituer recipro- quement l'vn à l'autre, toutesfois au dernier mourant d'i- ceux, il fubftituë Pierre, arriue que quelqu'vn des heritiers decede, les derniers heritiers luy fuccedent-ils par droiĉt de Subftitution, ou par droiĉt de fucceffion ? Ie dy que c'eft par droiĉt de Subftitution : tellement qu'en l'efpece propofée y a deux degrez de Subftitution, l'vn des premiers heritiers decedans, en faueur des derniers, l'autre du dernier dece- dant en faueur de Pierre *a* fubftitué.

a C'eft le fens de la loy 87. Ti- tia Scio §. Seia liber- tis. ff. de leg. 2. & l. 25. Si pa- ter de vul. & pupill.

QVESTION XIII.

Vn teftateur ayant plufieurs enfans impuberes les fait he- ritiers, & les fubftituë reciproquement l'vn à l'autre : l'vn paruient à la puberté plutoft que l'autre : Ie demande, tout ainfi que la Subftititution ceffe en celuy qui eft deuenu pu- bere, c'eft à dire tout ainfique les autres heritiers n'ont plus d'efperance de luy fucceder en vertu de la pupillaire fubfti- tution, en doit-il eftre de mefme pour les autres qui font impuberes : Ie veux dire, s'il arriue que les autres de- cedent en pupillatité : fçauoir, fi celuy qui eft deueuu pubere doit perdre efperance de leur pouuoir fucceder en vertu de la pupillaire fubftitution ; la raifon de douter fem- ble eftre fondée fur ce que nous auons dit cy deffus, que la fubftitution reciproque doit charger également tous les fubftituez : ce qui ne fe rencontre point en cette efpe- ce : car comme les impuberes n'ont point d'efperance de fucceder à celuy qui eft pubere, par la pupillaire fubftitu- tion, auffi ne doit auoir le pubere fur les autres : toutes- fois le contraire eft decidé par Graff. en la matiere de la reciproque fubftitution, queftion 55. citant Bart. en la loy Lucius *ff. de vulg. & pupill.* & la raifon eft que les Legifla- teurs n'ont confideré l'inegalité furuenuë entre les coheri- tiers

tiers apres le testament fait : mais seulement si entre eux y
auoit égalité au temps dudit testament.

QVESTION XIV.

Trois ont esté faits heritiers par testament, & apres le
decez du dernier mourant, Titius est substitué en toute
l'heredité : Ie demande, si entre ces coheritiers y a substitution reciproque ? & respons apres *a* Bart. qu'ouy, parce
que si le dernier heritier decedant est obligé de rendre tout
l'heritage à Titius : il a fallu qu'il y soit esté admis, car personne n'est obligé de rendre ce qu'il n'a pas receu : que si
dans ledit testament estoit dit : apres la mort de tous mes
heritiers ie substituë Titius en tout mon heritage ; en ce cas
n'y auroit point de substitution reciproque entre les coheritiers, mais le substitué seroit receu à demander la part
d'vn chacun, à mesure que chacun d'iceux viendroit à
defaillir, à quoy sert la loy derniere *§. filium ff. de leg.* 2. en
laquelle tout vn fonds auoit esté legué à plusieurs auec
charge de fideicommis, & toutesfois le substitué fut appellé à la part d'vn chacun : & la loy *haredes mei §. cum ita
ff. ad trebell.* & cette opinion est tenuë pat Zaf. au Traité de
la reciproque Substitution, citant Iaf. en la l. *quidam testamento ff. de vulg. & pupill.* le contraire toutesfois de cecy
est tenu par *b* Bart. disant qu'en ce cas tous les heritiers instituez sont entr'eux reciproquement substituez, & qu'vne
pluralité ne se resout point en plusieurs singularitez ; à laquelle opinion de Bart. Graff. n'est consentant, sinon en
distinguant, & supposant trois cas. Le premier, quand
tous les heritiers (apres la mort desquels la Substitution est
faicte) sont chargez de rendre : comme si le testateur a dit ;
Ie veux que tous mes heritiers, apres leur mort, rendent
mon heritage à Titius, & lors entre eux n'y a point de Substitution reciproque : mais la Substitution a lieu en faueur
de Titius, substitué à mesure que chacun desdits *c* heritiers
decede. Le second cas est, quand les heritiers sont de telle
condition

a en la loy
87. Titia
Scio §. Seia
libersis ff.
de leg. 2.

en ladite
quidam
testamento.

Il cite là
lessus Soto in. consil.
9. vel 3.
& Decius
a la l. pen. C. de
npuber. &
al substitut.

condition que vray ſemblablement & ſelon l'intention du
teſtateur, ils ne doiuent exclorre le ſubſtitué, comme s'ils
ſont eſtrangers, & le ſubſtitué plus proche, auquel cas il n'y
a point de Subſtitution reciproque entre eux : mais à meſure que chacun decede, le ſubſtitué prend poſſeſſion de ſa
part. Le troiſiéme cas eſt quand tous les heritiers ſont de
telle conſideration que vray ſemblablement, & ſelon l'intention du teſtateur, ils doiuent eſtre preferez au ſubſtitué,
comme s'ils ſont enfans du teſtateur, & lors entr'eux y a
reciproque Subſtitution : De ſorte qu'il n'eſt pas permis a
aucun d'eux d'aliener leurs portions, ny celles deſquelles
ils ſe ſont preualus par la mort du premier decedé : mais ſe
deuans contenter de l'vſurfruict, ils ſont obligez de conſeruer la proprieté deſdites portions à celuy qui apres la
mort de tous les inſtitués, a eſté ſubſtitué. C'eſt ainſi que
l'enſeigne Graſſ. au Traicté de la reciproque Subſtitution.

QVESTION XV.

Si apres le decez du teſtateur qui a laiſſé deux enfans
impuberes ſes heritiers, & iceux ſubſtitué reciproquement:
il arriue que l'vn d'iceux n'accepte l'heritage, & decede
impubere, quelles ſubſtitutions ſont ouuertes en ce cas là
pour le ſuruiuant ? Ie dy que la vulgaire & la pupillaire ont
lieu en meſme temps : la vulgaire, en ce que le premier
mourant n'a point accepté l'heritage : la pupillaire, en ce
qu'il eſt decedé impubere: mais le ſuruiuant fera prudem-
ment de ne ſe point ſeruir de la vulgaire, au preiudice de
la pupillaire, parce que en ſe ſeruant de la vulgaire, & le
premier mourant qui auoit d'autres biens que ceux qui luy
auoyent eſté laiſſez par le teſtateur, ſi en repudiant l'heritage de ſon pere, il s'eſtoit reſerué ſa legitime (comme il auroit peu faire) en ce cas le ſubſtitué ſe priueroit des biens
propres dudit premourant & de la legitime qui luy appartenoit ſur les biens dudit pere: mais s'il ſe ſert de la pupillaire, il demandera la poſſeſſion de tous leſdits biens, tant

du coheritier predecedé , que du teſtateur, ſans diminution
de legitime & trebellianique : l'ay dit apres le decez du teſtateur, parce que ſi auant ledit decez l'vn de ſes heritiers
impuberes ſe trouuoit predecedé , en ce cas parce qu'il ne
luy appartiendroit point de legitime ſur les biens de ſon
pere viuant, voire que en tous ſes biens ledit pere , & ſon
frere auroient ſuccedé , & ſeroient confus & vnis en partie
auec le patrimoine du pere, lors l'enfant ſuruiuant de quelle ſubſtitution qu'il ſe ſeruiſt , ou vulgaire , ou pupillaire,
cela luy ſeroit indifferent : car l'vne & l'autre luy ſeroient
également aduantageuſes, & de toutes façons l'enfant ſuruiuant auroit les deux ſortes de bien ſans diminution.

QVESTION XVI.

Trois freres ſont inſtituez par leur pere,ou autre , & ſont
entr'eux reciproquement ſubſtituez , l'vn tuë l'autre,à qui
doiuent appartenir les biens du meurtry & du meurtrier?
Ie répons que le meurtrier ne ſuccedera point au *a* meurtry,
mais appartiendra l'entiere ſucceſſion dudit meurtry à l'autre frere , non *b* coulpable, ſans que le fiſque y puiſſe pretendre ce que de ladite ſucceſſion eut peu appartenir au
meurtrier *c* en vertu de la Subſtitution, ny de meſme en la
part du meurtrier : ains le tout appartiendra *d* au troiſieme
frere:bien eſt vray que le fiſque ſuccedera en la legitime &
quarte trebellianique , que le meurtrier auoit à detraire,
& en ſes autres biens non ſubiets à ſubſtitution , par la
reigle , *quod indigno aufertur* c *applicatur fiſco.*

QVESTION XVII.

François Barriere auoit trois freres que nous nommerons
Arnaud, Iean & Louys : il les fait heritiers par égales portions, & à Arnaud (qui lors eſtoit Preſtre) ſubſtituë les autres deux par égales portions auſſi, & entre eux les ſubſtituë reciproquement ; Iean eſt condamné aux galeres perpe-
quelles

tuelles par arreſt de Tholouze, obtient lettre de r'appel,
qui ne ſont interinées; depuis Arnaud decede ſans faire teſtament, les deux ſubſtituez Iean & Louys, entrent en
procez, pour la ſucceſſion d'Arnaud : car Louys dit à Iean
qu'il eſt condamné; par conſequent incapable de ſucceſſion, tellement que par droit d'accroiſtre toute la ſuſdite
ſucceſſion d'Arnaud luy appartient, tant comme conſubſti-
tué, que comme ſeul capable de *a* ſucceder, ſans qu'audit
Iean puiſſent ſeruir leſdites lettres, parce qu'elles n'auoient
eſté interinées : Iean ſouſtient le contraire, & ſe dit capable de ſucceder en la portion d'Arnaud, puis qu'il a eſté
reſtitué par le Prince, partant reſtitué en ſes honneurs *b*,
droits, & biens, & prenant l'affaire au pire, encore qu'il
fuſt incapable, il a vn fils qui par droit de repreſentation
doit ſucceder audit Arnaud ſon oncle; Louys replique que
tant que Iean viuoit naturellement, ſon fils ne le pouuoit
repreſenter. Par arreſt de Tholouze, les patrimoines du teſtateur, & d'Arnaud premier frere decedé, furent diuiſez,
& pour les biens dudit teſtateur, ils furent tous entiere-
ment adiugez à Louys, & pour ceux d'Arnaud (comme
auſſi pour la legitime & trebellianique qu'il auoit à prendre ſur les biens dudit François teſtateur) ils furent également adiugez audit Louys, & à l'enfant dudit Iean condamné; lequel enfant la Cour iugea capable de ſucceder à
Arnaud ſon oncle, par droit de repreſentation, & au lieu
de ſon pere, tout ainſi que s'il eſtoit mort *c* naturellement.

a par la loy
2. C. de bo-
nis proſcri-
ptor. & la
loy 4. certa
forma C. de
Iure fiſci.
b par la loy
11. C. de
ſentent.
paſſ.
c C'eſt ainſi
que l'a re-
marqué
Charond.
au liu. 7. des
Reſponſ.
chap. 158.
d ſeloon
Mayn. au
liure 5.
chap. 74.
citant la l.
114. filius
familias
§. cum
quis roga-
tus ff. de
leg. 1. &
ſelon le
Sieur Pre
ſidentla
Roche au
tit. des ſub-
ſtit. arr. 5.

QVESTION XVIII.

Ie fais teſtament, & inſtituë heritier mon fils en la moitié de mes biens, & en l'autre moitié, i'inſtituë Seius; & ſi
quelqu'vn d'eux decede ſans enfans, ie luy ſubſtituë le ſur-
viuant : mon fils decede le premier, mais il laiſſe des enfans, leſquels enfans decedent encore ſans enfans deuant
Seius : la queſtion eſt de ſçauoir ſi la ſubſtitution eſt finie,
ou ſi elle a lieu au profit de Seius : Ie dy qu'elle eſt *d* finie.

QVESTION XIX.

Ie fais heritier Pierre & Iean, & les ſubſtituë reciproquement l'vn à l'autre, & s'il aduient que tous deux decedent ſans enfans, ie ſubſtituë François. Pierre decede laiſſant Iean ſon coheritier, & auſſi François ſubſtitué ; aduint auſſi que Iean decede ſans enfans, laiſſant ſuruiuant
François ſubſtitué : & les enfans de Pierre premier decedé:
on demande leſquels ſeront à preferer en la ſucceſſion de
Iean, ou le ſubſtitué, ou les enfans de Pierre ? Ie dy qu'il
faut examiner leſquels de ceux-là ſont plus affectionnez
au teſtateur, ou les enfans de Pierre, ou le ſubſtitué : car
ſi ce ſont les enfans de Pierre qui (peut - eſtre) eſtoit frere
du teſtateur, & François n'eſt que ſon oncle ou ſon couſin,
lors les enfans de Pierre ſont à preferer. Si c'eſt François qui
fuſt plus chery du teſtateur que non pas leſdits enfans, pour
eſtre ledit François frere du teſtateur, & les enfans de Pierre n'eſtre que les enfans d'vn ſien oncle : ou bien ſi les vns
& les autres ſont également affectionnez au teſtateur, pour
eſtre ſes parens en meſme degré, lors faut dire que François
ſera à preferer, parce que outre qu'il eſt autant affectionné
au teſtateur, comme ſont les enfans de Pierre, il a encore
cét aduantage que par ledit teſtateur il a eſté formellement
appellé, & non pas les enfans de Pierre, ſinon tacitement:
c'eſt ainſi que le diſtingue le Sieur de la Roche ſur le mot
tranſmiſſion, Arreſt 1.

QVESTION XX.

Vn teſtateur a deux enfans impuberes, il les fait tous
deux heritiers, & les ſubſtituë reciproquement l'vn à l'autre, en vſant ſimplement de ces termes : Ie vous fais tous
deux heritiers, & vous ſubſtituë l'vn à l'autre ; arriue que
l'vn d'eux decede en pupillarité, laiſſant ſuruiuant ſon frere
& ſa mere, de quel effet ſera la tacite pupillaire ſubſtitution
comprinſe

comprife foubs ces termes : Ie dy qu'en l'efpece propofée,
elle aura autant d'effet que fi elle auoit efté faicte en
termes expres de pupillarité , à l'exclufion de la mere, & en
faueur du fubftitué qui fuccedera en tout : mais fi le teftateur auoit vfé de ces termes ; Si l'vn de vous deux n'eft mon
heritier , ie vous fubftituë l'vn à l'autre , lors quelque vns
ont voulu dire que ces termes n'eftans conuenans qu'à la
vulgaire Subftitution (fous laquelle la tacite pupillaire comprinfe n'exclud point la mere) lors la mere de l'enfant decedé, fuccedera en la moitié des biens propres que ledit enfant decedé auoit d'ailleurs que de fon pere , & la moitié
de la legitime & trebellianique que ledit enfant auoit à detraire de l'heritage auquel il auoit efté inftitué , & tout le
furplus ; tant moitié defdits biens propres , que moitié defdits legitime & trebellianique, & toute la maffe hereditaire
appartiendra au fubftitué ; toutesfois Charond. au liu. 7.
des Refponf. chap. 66. dit auoir efté iugé à Paris, qu'en ce
cas, auffi bien qu'au premier , la mere doit eftre entiere-
ment exclufe de toute fucceffion de fon enfant decedé, en
confideration & pour cette feule raifon qu'vn autre enfant
du teftateur a efté fubftitué , la faueur duquel nuit grandement à la mere.

QVESTION XXI.

Vn teftateur inftituë fes enfans mafles heritiers , & leur
fubftituë les enfans mafles d'iceux, declarant expreffement
qu'il ne veut que fes biens viennent à ces filles , ny aux enfans d'icelles , ny auffi aux filles de fes enfans mafles ; tant
qu'il y aura des mafles prouenus defdits enfans mafles : le
teftateur laiffe deux fils qui font tous deux mariez , l'aifné
meurt laiffant deux fils , & l'autre ne laiffe qu'vne fille;
les deux fils de l'aifné meurent ieunes apres leur pere , fans
auoir efté mariez, leur mere pretend que tous les biens dudit defunct fon mary luy appartiennent, comme mere &
heritiere de fes enfans : la fille de l'autre fils qui eftoit de-

cedé depuis les enfans de ſon frere aiſné , maintient que la
Subſtitution eſtoit ouuerte en la perſonne de ſon pe:e, &
elle ſuccedant à ſon pere doit auoir tous les biens : la mere
des enfans de l'aiſné replique qu'il n'y a clauſe dans le teſtament laquelle face connoiſtre qu'entre les enfans du
teſtateur y eut reciproque Subſtitution:mais la fille répond
que ledit teſtateur a aſſez declaré qu'il ſubſtituoit les enfans
maſles les vns aux autres , pour auoir ſouuent repeté ce
mot de maſles, & ordonné expreſſement qu'il ne vouloit
que ſes biens retournaſſent à autres qu'à ſes maſles : tellement qu'il faut preſumer qu'il auoit ſubſtitué les maſles les
vns aux autres , par le texte de la loy *titia Seio, §. Sein ff. de
leg.* 2. & par cette raiſon elle obtint à Paris à l'excluſion
de la mere , comme remarque Charond. au liu.7. des Reſponſ. chap. 66.

TRAICTÉ
DES
SVBSTITVTIONS,

CINQVIE'ME PARTIE.

De la compendieuse Subſtitution.

QVESTION I.

Q V'appellez-vous compendieuse Subſtitu-tion ? I'appelle Subſtitution compendieu-ſe celle qui ſe fait par paroles compendieu-ſes: c'eſt à dire en fort peu de paroles, & la-quelle neantmoins en ce peu de paroles comprend ſous ſoy toutes les autres Subſti-tutions, & les deux temps de deuant & apres la puberté: & voila pourquoy elle eſt appellée compendieuſe.

Queſtion

QVESTION   II.

En quels termes a-on accouſtumé de la conceuoir ? c'eſt volontiers en vſant par le teſtateur de l'aduerbe *quandocunque* , c'eſt à dire, lors & quand , ou bien en quel temps, comme s'il a dit : Ie fais heritier Pierre, & lors qu'il decedera, ou bien en quel temps qu'il decede, iſ ſubſtituë Iean : car ſous ces termes (lors qu'il decedera) eſt comprinſe en premier lieu la vulgaire, ſi Pierre n'eſt heritier, pour ne vouloir ou ne pouuoir auoir l'heritage, à cauſe de ſon predecez au teſtateur, ou à cauſe de quelque autre ſienne incapacité ; comme s'il eſt baſtard , Religieux, ou condamné à mort ciuile, car lors Iean ſe dira ſubſtitué vulgairement. Secondement eſt comprinſe la pupillaire ſubſtitution, arriuant que Pierre (qui eſtoit fils du teſtateur & impubere) decede en pupillarité ; car lors Iean ſe ſeruira de la pupillaire ſubſtitution: En troiſieſme lieu ſous ces mots (lors, & quand) eſt comprinſe l'exemplaire ſubſtitution , ſi tant eſt , qu'au temps du teſtament, dans lequel Pierre a eſté fait heritier , il fut inſenſé, muet & ſourd, ou declaré prodigue, & decede en demence, mutité , ſurdité, ou prodigalité ; car lors Iean ſe ſeruira de l'exemplaire ſubſtitution. I'ay dit ſi tant eſt qu'au temps du teſtament l'heritier fuſt inſenſé, muet, & ſourd, ou declaré prodigue , parce que ſi la folie ; mutité, ſurdité, ou prodigalité, ſont ſuruenuës en la perſonne de Pierre , apres le teſtament fait , & qu'il decedaſt inſenſé, muet & ſourd, ou prodigue, cela ne fait pas que l'exemplaire ſubſtitution puiſſe eſtre ſous entenduë ſous la compendieuſe. Quatriéme , la reciproque ſubſtitution y eſt auſſi comprinſe, ſi pluſieurs ſont inſtitués heritiers , & entr'eux reciproquent ſubſtitution par ces termes, lors & quand ils decederont. Cinquieſme, la fideicommiſſaire y eſt auſſi comprinſe, s'il arriue que Pierre heritier decede pubere apres auoir accepté l'heritage , & non ſeulement pubere, mais encore bien ſenſé, & ſans *a* enfans.

a Tout cela eſt ainſi enſeigné par Graſſ. au §. ſubſtit. queſt.

Queſtion

QVESTION III.

En combien de façons, & à quelles perfonnes fe fait-elle?
Ie dy qu'elle fe fait en trois façons. Premierement à l'enfant
impubere du teftateur par paroles directes, en difant : En
quel temps que mon fils decede, ie veux que Iean foit heritier, ou bien i'inftituë Iean ; car ce font des paroles directes, & lors la commune opinion eft, que fi cette difpofition eft dans vn teftament, & que l'heritier decede impubere, la compendieufe Subftitution vaudra comme pupillaire ; c'eft à dire que Iean fera appellé à l'vniuerfité des biés
du teftateur, & aufsi en tous ceux là du fils à l'exclufion de
la mere dudit fils : mais fi l'heritier decede pubere, en ce
cas la Subftitution ne vaudra ny comme directe, ny comme
fidecommiffaire : mais la mere de l'heritier, ou parens qui
luy feront plus proches que Iean, fe pourront dire maiftres
de tous lefdits heritages : *a* fi ce n'eft comme difent *b* Zafius,
Graff. *c* & Ranch. *d* dans ce teftamét foit contenuë la claufe
codicillaire : car lors la Subftitution laquelle eut vallu comme directe pupillaire, au cas que l'heritier fuft decedé
auant la puberté, vaudra comme oblique & fideicommiffaire. Si l'heritier decede apres la puberté, ou bien fi ce n'eft
que le teftament fe trouue fait entre enfans, & que l'vn
d'iceux foit fubftitué, car lors bien que ledit teftament ne
contienne en termes expres la claufe codicillaire, elle eft
neantmoins foubs entenduë : mais fi c'eft dans vn codicille que la Subftitution foit contenuë, en ce cas l'heritier
decedant impubere, elle ne vaudra pas comme directe &
pupillaire, mais feulement comme fideicommiffaire, & de
cette façon le fubftitué prendra l'heritage de la main du
plus proche parent de l'heritier decedé impubere, & ce
parent fe retiendra la legitime & trebellianique, appartenans audit heritier fur les biens de fon pere, & le furplus il
le rendra au fubftitué, & la raifon de ce eft, parce que la
Subftitution fe trouue faicte dans des codicilles : fi ce n'eft

L   enco

a Selon la glo. de la l. 14. in pupillar. & de la fuiuante ff. de vulg. & pupill. & de la loy 8. præcibus C. de impub. & aliis Subftit. & felon Graff. au §. Subftitut. quæft. 71.
b au Traicté de la compendieufe Subftit.
c en Guid. Pap. quæft. 521.
d felon la Glo. de la l. 41. coharedi §. cum filiæ fur le mot non valuit ff. de vulg. & pupill.

encore peut eftre que le fubftitué foit enfant du teftateur: car lors & en cette confideration la Subftitution vaudra côme directe pupillaire, bien qu'elle foit faicte dans vn codicille. Secondement la Subftitution côpendieuse se fait par paroles directes à l'enfant propre du teftateur ja pubere, où à vn enfant d'vn autre, quoy qu'impubere; & lors elle ne vaudra que comme fideicômiffaire, c'eft à dire que de l'heredité reftituable le plus proche parent de l'heritier decedé pubere en detraira la legitime & trebellianique dudit heritier, & le furplus il le rendra audit fubftitué. C'eft l'opinion de la glof. *a* de Bart. de *b* Ferarienfis, de *c* Guid. Pap. & de Graff. *d* aux lieux cottez à la marge. Troifiéme, elle se fait par le verbe, ie fubftituë, ie veux qu'vn tel fuccede, lefquels termes font communs ; & lors fi elle vaudra en tout temps comme directe, ou comme fideicômiffaire, y a deux opinions. La premiere de la glo. en la l. *Centurio ff. de vulg. & pupill.* voulant qu'en tout temps elle ne vaille que comme fideicommiffaire, foit que l'heritier decede pubere, ou impubere, & que fa mere foit viuante *e* ou non. La feconde opinion eft auffi de la glo. au §. *qua ratione inftit. de pupill. Subftitut.* voulant que l'heritier decedant impubere, la Subftitution vaille comme pupillaire directe, foit que la mere dudit heritier foit viuante ou non; & pour cefte opinion y a Arreft dans Monthol. de la Cour de Parlement de Paris, Arreft. 68. 69. mais fi l'heritier decede apres la puberté, lors la Subftitution ne vaut que comme fideicommiffaire en faueur de la mere viuante, ou des autres parens plus proches à l'heritier que le fubftitué; & cefte opinion eft encore fuiuye par Paul *f* de Caft. *g* Zaf. *h* Graff. *i* & Ranch. *k* aux lieux citez à la marge: apres toutes lefquelles authoritez faut fçauoir que

a en la l. 7. *verbis ciuilibus ff. de vulg. & pupill. &* de la glo. du chap. 1. fur le mot *abfque deductione ,* & fur ceux cy, fi autem teftator, de teftamen. in 6.
b en fa Practique fur la forme du Libelle, par lequel on agit en vertu de la Subftitut. compendieufe , fur le mot compendiosè.
c Decif. 173.
d au §. Subftitutio, qu. 71.
e. Le contraire de cecy eft enfeigné par mere foit Subftitutiõ la l. præcib. pupil. *h* au Pap. quaft. 521.

Charond. au liu. 7. des Refponf. chap. 157. *& Liu.* 9. *chap.* 5. *en cas que la* vivante: auquel cas, & en quel temps que l'heritier decede il dit, que la ne doit valoir que comme fideicommiffaire, par vn Arreft de Tholofe, f en C. de impub. & aliis Subftitut. g en la loy Centurio ff. de vulg. & Traicté de la compend. Subftitut. i au §. Subftit. quaft. 74. k en Guid. eft. 521.

l'Autheur

l'Autheur qui a adiousté des annotations sur la Pratique de Ferariensis , au Libelle , par lequel on agit en vertu de la compendieuse Substitution , dit auoir esté iugé à Paris en l'an 1574. que la compendieuse Substitution se trouuant faite par termes communs: & la mere de l'heritier se trouuant au milieu , elle ne doit auoir effect que comme fideicommissaire ; partant appartient à la mere la legitime & trebellianique, que son fils heritier (en quel âge qu'il soit decedé) auoit à prendre sur les biens du pere ; si ce n'est peut estre que le substitué soit enfant du testateur : car lors en faueur dudit enfant elle doit auoir l'effect d'vne Substitution directe , ores la mere de l'heritier soit viuante , comme l'enseigne Ranchin en la quest. de Guid. Pap. 521.

QVESTION III.

Ce que nous venons de dire est veritable quand la Substitution compendieuse est faicte par termes communs des biens vniuersels du testateur : mais si elle n'est faite que sur vn fonds , ou autre chose particuliere , comme seroit vne somme, & comme si le testateur auoit dit : Ie fais heritier Pierre, & lors qu'il decedera , ie luy substituë Iean en mon fonds Tusculan , ou bien en cent escus , lors ce verbe de Substituë n'est iamais rendu direct pour faire que Pierre mourant en pupillarité , Iean se puisse dire substitué en tous les biens : mais seulement au fonds , ou en la somme en laquelle il a esté substitué. Autre chose seroit si le testateur auoit vsé de termes directs , comme s'il auoit dit en quel temps que Pierre decede , ie fais heritier Iean : ou bien i'institué Iean en mon fonds Tusculan , ou en cent escus ; car lors aduenant que Pierre decedast impubere , Iean ne seroit pas seulement institué en ce fonds Tusculan , ou bien en cent escus , mais encore en tous les biens du testateur , & en tous ceux de Pierre decedé en pupillarité. De là l'on connoist quelle difference il y a d'vser des termes communs, ou des termes directs.

L 2 Question

QVESTION V.

Que dirons-nous ſi la Subſtitution compendieuſe eſt faicte par termes obliques , comme ſont ceux cy : Ie prie mon
heritier de rendre (quand il decedera) mon heritage à vn tel,
ou bien i'entens que mon heritage retourne à vn tel : lors ie
dy que telle Subſtitution doit eſtre tenuë comme fideicommiſſaire en tel temps que l'heritier decede ſoit impubere, ou
pubere, & ce en faueur de la mere dudit heritier, & de cette
façon ladite mere prẽdra leſdits deux heritages du teſtateur
& de ſon fils , puis en ſe retenant tout l'heritage propre de
ſondit fils , & la legitime & trebellianique appartenant audit fils, ſur l'heritage de feu ſon pere , elle rendra le reſte au
ſubſtitué.

QVESTION VI.

Vn teſtateur fait ſon fils impubere heritier , & puis dit:
En quel temps que mon fils decede , ie veux que Iean ſoit
heritier , leſquelles paroles ſont directes (comme il faut remarquer) le fils decede impubere , quelle Subſtitution ſera
ce ? Ie dy qu'elle ſera directe pupillaire excluant la mere :
s'il decede pubere , lors de directe qu'elle a eſté, elle deuiendra fideicommiſſaire en faueur de la mere de l'heritier ; partant ladite mere , ou autre plus proche parent que le ſubſtitué , ſera obligé de rendre l'heritage au ſubſtitué en ſe retenant la legitime & trebellianique dudit heritier , s'il eſtoit
fils du teſtateur : mais s'il eſtoit eſtranger , ſa mere ou autre
plus proche parent, ne detraira que la trebellianique ſeulement , & encore faudra conſiderer ſi vne cauſe pie, comme
vne Egliſe, ou vn Hoſpital eſt ſubſtitué , ou vne cauſe prophane : car ſi c'eſt vne cauſe pie, ores le fils du teſtateur ſoit
heritier , il ne s'en pourra detraire que la legitime , & non
la trebellianique : mais ſi c'eſt vne cauſe prophane , lors on
detraira les deux. Plus faudra conſiderer ſi le teſtateur a
prohibé

prohibé la detraction de la trebellianique par paroles specifiques, ou bien par paroles equipollentes. Specifiques paroles font celles cy: Ie deffens à mon heritier la detraction
de la trebellianique, & lors on ne detraira que la legitime,
non la trebellianique. Mais fi vn eftranger eftoit heritier,
lors on ne detraira ny legitime, ny trebellianique, pour n'e-
ftre la legitime deuë à l'eftranger, & la trebellianique eftre
defenduë. Paroles equipolentes font celles-cy, quand le teftateur a dit: Ie fubftituë vn tel en tout mon heritage, &
lors fi le fils dù teftateur eftoit heritier, & vne Eglife fubftituée, on ne detraira que la legitime, & non la trebellianique: autrement, fi vne caufe prophane eftoit fubftituée,
parce que lors on detraira legitime & trebellianique: mais
fi vn eftranger eftoit inftitué, lors on ne detraira que la trebellianique ; & encore fi vne caufe pie eft fubftituée, lors
on ne detraira ny legitime *a* ny trebellianique.

QVESTION VII.

Vn pere inftituë fa fille heritiere, & fi elle decede fans enfans, legue à fa femme vne vigne, & au furplus fubftituë à
fadite fille Seius: arriue que ladite fille decede en pupillarité, & la Subftitution eft ouuerte à Seius, auquel la femme
demande premierement la vigne, & apres elle demande la
legitime de ladite fille, fur les biens de fon pere ; difant n'e-
ftre exclufe par la tacite pupillaire, comprinfe foubs la compendieufe : fut iugé par la Cour de Parlement de Bourdeaux qu'elle precompteroit ladite vigne, ou la valeur d'i-
celle en la legitime de fa fille : comme dit Monfieur Maynard, au liure 2. chap. 84. mais fi ces deux demandes euffent efté propofées deuant la Cour de Parlement de Paris,
ledit fieur Maynard dict que la femme eut obtenu l'vne &
l'autre.

QVESTION VIII.

Autresfois vn soldat qui estoit effectiuement dans les armées pouuoit substituer directement à son fils, quoy qü'il decedast en l'âge de *a* puberté : Ie demande maintenant si ce priuilege appartient auiourd'huy aux soldats de ce temps,*b* Bertrand,*c* Zaf.& Grass.*d* tiennent qu'ouy s'ils sont effectifs dans les armées, où en garnison prests à partir : ou s'ils sont en chemin pour y aller, & de cela y a Arrest de Tholose dans la Chappelle Tholousaine, decis. 141. mais les soldats qui resident dans leur maison, n'ont pas ce priuilege, comme dit Guill. Bened. en la matiere de la compendieuse Substitution, nom. 30.

QVESTION IX.

Vn testateur auoit trois fils & trois filles, fait heritiers les trois fils par égales portions ; & à chacune des filles laisse leur legitime : pour les fils il les substituë reciproquement l'vn à l'autre, decedans sans enfans procrées de leur propre corps & en legitime mariage ; & si tous lesdits fils decedent sans enfans procrées de leur propre corps, en ce cas leur substituë les filles, & leurs enfans masles. Les trois fils sont decedez sans auoir laissé aucuns enfans, sinon le dernier qui a laissé vne petite fille de son fils defunct : la question est grande entre les trois filles du testateur, & la petite fille du dernier fils decedé ; sçauoir à qui doit appartenir l'heritage. Les filles disent que c'est à elles, veu que la condition souz laquelle elles ont esté substituées est arriuée, en ce que tous leurs freres sont decedez sans auoir laissé aucuns enfans, procrées de leur propre corps : car encore qu'il y ait vne petite fille du dernier decedé, elle n'a esté engendrée de son propre corps. La petite fille au contraire soustient que sa personne exclud ses tantes du fruict de ladite Substitution, & pour elle fait la loy 1. *C. de condit. Instit.* & la l.6.§.penult.

&

& dernier *C. ad trebell* en fin Guid. Pap. queſt. 253. apres
auoir diligemment diſputé ce point de droiɛt , conclud en
faueur des filles du teſtateur : le conrraire eſt tenu par Ranchin & Ferrier en la meſme queſtion , en faueur de la petite
fille, diſant que Socinus l'a ainſi tenu en ſon Conſeil 17. vol.
4. & Bal. en la l. 1. *C. de condit. Inſtit.* & Tyraqueau au Trai-
ɛté du droiɛt de primogenit. queſt. 4. nombr. 36. & dit Ferrier que cela ſe doit ainſi iuger.

QVESTION X.

l'inſtituë mon fils impubere heritier , & auec luy Titius
fils de Seius , apres ie dy : Quiconque ſera mon heritier,
ſoit auſſi heritier de mon fils ; Titius ne veut eſtre heritier,
par conſequent ſon pere le ſera *a* , ou bien Titius (apres la
mort de Seius ſon pere) fera teſtament , & par iceluy fera
heritier Meuius, apres cela mon fils decedera en pupillarité,
on demande ſi ce Seius , pere de Titius, ou ſi Meuius heritier
de Titius ſera heritier de mon fils en vertu de la Subſtitution : le dy que non ? par ce que ny l'vn ny l'autre deſdits
Seius & Meius ne ſont pas mes heritiers par ma diſpoſition,
ny de ma volonté : mais Seius l'eſt par la diſpoſition de la
loy , & Meuius l'eſt par le teſtament de Titius , à quoy il
ne faut auoir *b* égard.

QVESTION XI.

Vn teſtateur a fait heritier ſon fils , & s'il decede ſans enfans luy a ſubſtitué Iean , on demande s'il aduient que le
fils ait des enfans , ces enfans ſont-ils en condition ſeulement, ou bien s'ils ſont en diſpoſition , c'eſt à dire , ſi le teſtateur qui fait mention d'eux c'eſt auec intertion d'exclurre
le ſubſtitué par leur naiſſanee , ou bien auec intention de les
appeller & ſubſtituer apres leur pere : Ie dy qu'ils ne ſont
mentionnez dans ce teſtament , ſinon pour eſtre mis en
condition , & non pas pour eſtre mis en diſpoſition,
c'eſt à dire que le teſtateur a entendu exclurre par eux

le

le ſubſtitué, & non pas de les *a* ſubſtituer : On trouue neantmoins qu'en trois occurrences les enfans de l'heritier mis
en condition, ſont cenſez eſtre mis en diſpoſition. La premiere eſt quand le teſtateur a adiouſté à ces mots (d'enfans)
ce mot de maſles : comme s'il a dit, Si mon fils decede ſans
enfans maſles ie ſubſtituë Iean, car lors ce mot de maſles
eſt cauſe que les enfans de l'heritier ne ſont pas ſeulement
en condition, pour exclurre le ſubſtitué, mais encore ſont
en diſpoſition, & ſont ſubſtituez à leur pere. C'eſt ainſi que
l'ont tenu Guid. *b* Pap. Boer. *c* & Maynard. *d* La ſeconde
occurrence eſt quand le teſtateur ne s'eſt pas ſeulement arreſté à ce mot (enfans) mais a paſſé outre aux enfans des
enfans, en diſant : Si mon fils decede ſans enfans, ou ſes
enfans ſans enfans, Ie ſubſtituë Iean : car lors ſi ce fils a des
enfans, ils ſont ſubſtituez à leur pere ; veu que depuis qu'ils
ſont obligez de rendre l'heritage à Iean, au cas qu'ils decedent ſans enfans, qui ne void qu'ils doiuent eſtre auſſi
appellez à l'heritage, laquelle ils doiuent rendre par la diſpoſition *e* du teſtateur. La troiſiéme occurrence eſt lors
que le teſtateur a parlé de la ſorte : Ie fais heritier mon fils,
& s'il decede ſans enfans, ie ſubſtituë Iean & ſes enfans : car
lors comme le teſtateur a plus aymé ſon fils inſtitué, que
Iean ſubſtitué, auſſi eſt-il à preſumer qu'il a plus affectionné
les enfans de ſon fils inſtitué, que les enfans de Iean ſubſtitué : or ayant formellement appellé les enfans de Iean, non
tant affectionné que l'heritier, auſſi a il entendu d'appeller
plutoſt les enfans de ſon fils plus affectionné, que non pas
les enfans de Iean, moins *f* affectionné.

a c'eſt ce qu'enſeigne Guid. Pap. quæſt. 39. 184. 600. Graſſ. au §. fideicom-miſſum, qu. 13. citant Clar. au §. teſtamen. quæſt. 47. & Tyraq. en la l. Si vnquam, ſur le mot Suſceperit liberos C. reuoc. do-nat. Cette queſtion eſt du meſme traictée au long par Peregrin. en l'art. 28.

b en la qu. 184.

c Deciſ. 155.

d Liu. 5. chap. 68. 69. 70. 71. du Traicté Graſſ. au des Subſtit.

e c'eſt l'opinion de Guid Pap. en la quæſt. 39. 184. de Zaſ. ſur la fin de la compendieuſe Subſtitut. de Clar. au §. teſtamentum, quæſt. 78. de §. fideicommiſſum, qu. 14. f c'eſt ainſi que l'enſeigne Fuſar. au Traicté quæſt. 537. nomb. 31. 34. 82. 84. & quæſt. 490. nomb. 136.

QVESTION XII.

Vn testateur a fait heritier son fils, & luy decedant sans enfans, a substitué les enfans masles de sa fille, qui seront en vie lors du decez dudit fils : la fille a vn enfant au temps que le fils est decedé, puis apres en a vn autre : Ie dy que celuy-là sera seul substitué qui se trouuera estre nay au temps du decez dudit fils, & non celuy qui sera nay apres ledit decez; que si le testateur eust simplement parlé des enfans de la fille, lors tous ses enfans masles seroient appellez en quel temps qu'ils fussent *a* nais. Pour ceste question, voyez Maynard, au liu. 9. chap. 51. De mesme vn testateur a deux enfans, les fait tous deux heritiers, & à chacun d'iceux qui premier decedera sans enfans, substitué le suruiuant; & les enfans qu'il aura lors; le premier decede sans enfans (en vn temps que le second n'auoit qu'vn enfant) il vient en apres à en auoir deux, on a demandé à Molineus si le dernier nay estoit substitué aussi bien que le premier; & il a répondu qu'il n'y a que le premier nay de substitué, & non le second.

QVESTION XIII.

Ie fais heritier mon fils, & s'il decede sans enfans ie substituë les enfans masles de ma fille : que si ma fille n'a point d'enfans masles, ie substituë Iean. Mon fils decede sans enfans en vn temps que ma fille n'a encore point des enfans masles, Iean se pourra il dire tout incontinent substitué, ou s'il faudra attendre iusques à ce qu'il sera asseuré que ma fille n'aura point des enfans, pour cependant iouyr de mon heritage. En premier lieu semble que les actes des defuncts ne doiuent point estre *b* suspenduës : c'est pourquoy Iean se peut des aussi tost mettre en possession de *c* l'heritage, au contraire faut dire que la volonté douteuse d'vn testateur doit estre interpretée, eu égard au temps *d* du testament. Or au temps du testament ma fille n'auoit point eu des en-

M   fans

a *Par la l. 19. Si cognatis ff. de reb. dub. & la l. 24. interuenit ff. de legat. præstandis, & comme l'enseigne Guid. Pap. en la quæst. 511.*

b par la loy derniere C. communia prædiorum.

c suyuant la l. 31. in Substit. ff. de vulg. & pupill.

d par la l. 7 Si ita essent ff. de auro, & arg. legato.

fans maſles, doncques eſt croyable que i'ay entendu parler des enfans qu'elle auroit à l'aduenir. *a* Pour la deciſion de ce doute, Ferrarienſ. *b* a ainſi diſtingué, ou Iean que i'ay ſubſtitué apres les enfans maſles de ma fille eſt eſtranger à moy, ou bien auſſi proche que leſdits enfans maſles. Au premier cas la Subſtitution eſt ſuſpenduë iuſques à ce qu'il ſera aſſeuré que ma fille n'aura point d'enfans, d'autant que ie ſuis preſumé auoir plus aymé les enfans de ma fille, & les ay pluſtoſt voulu ſubſtituer que *c* Iean. Au ſecond cas n'y a point de ſuſpenſion de Subſtitution : mais des auſſi toſt que mon fils ſera decedé ſans enfans, auant que ma fille n'en ait encore point : des lors Iean ſe pourra mettre en poſſeſſion de mes biens, ſans attendre ſi ma fille aura des enfans ou non, parce que ceux qu'elle aura apres le decez de mon fils, n'empeſcheront point la Subſtitution de *d* Iean.

QVESTION XIV.

Pierre fait heritier Iean, & Iean decedant ſans enfans ſubſtituë le Chapitre de S. Eſtienne de Tholoſe, Iean s'en va aux Indes, d'où s'en retournant il ſe maria à Lisbonne, où il eut deux enfans : y demeura quarante ans ſans reuenir en France, & ſans intention d'y reuenir : fut demandé à la Cour de Parlement de Paris ſi la condition de la Subſtitution en faueur dudit Chapitre eſtoit cenſée aduenuë, puis que Iean s'eſtoit ſi long-temps abſenté de France, nonobſtant qu'il euſt des enfans dans Lisbonne : ou ſi ces enfans empeſcheroient l'effet de ladite Subſtitution, & apres de tres pertinentes raiſons alleguées de part & d'autre, pour ſouſtenir l'vne & l'autre opinion, ladite Cour iugea en faueur de ladite Subſtitution & dudit Chapitre : ainſi qu'a remarqué Monſieur Loüet. *e* Qui ſuyuroit toutesfois l'opinion de Brodeau ſur le meſme lieu, & de Charond. *f* diroit que les enfans de Iean deuoyent faire ceſſer cette Subſtitution, & pour cela ils alleguent des Arreſts contraires, donnez par la meſme Cour de Paris, ſouſtenant ledit Charond. qu'vn

François

a par la l. 77. hared. 69. ff. ad trebell.

b en Guid. Pap. quæſt. 612.

c ſuiuant la l. 101. cum anus ff. de condit. & demonſt. & la l. 30. cū acutiſſimi C. de fidei-commiſſ.

d Ferarien. en apporte vn Arreſt de Tholoſe.

e en la lettre S. nombre 15.

f au liu. 4. des Reſp. chap. 75.

François s'en allant volontairement demeurer en vn autre Royaume, ne laisse pour cela d'estre François, quelle longue habitation qu'il y fasse; & n'est moins capable de succeder à ses parens demeurez en France, que s'il n'en estoit iamais sorty.

QVESTION XV.

Apres les especes sus écriptes, prinses des sieurs Loüet, & Charond. n'y a point de danger d'en apporter encor vne fort singuliere tirée du mesme Charond. au liure 4. des Responf. chap. 47. en changeât le nom d'Enemond en celuy de François, elle est telle : Enemond eut deux enfans, François & Henry ; il instituë François & luy decedant sans enfans masles, substituë Henry & ses enfans masles : François decede sans enfans, Henry substitué est marié, & a vn fils nommé Geoffroy, qui deceda auant son pere : mais il laissa vn fils nommé Iean. François heritier, auoit de son viuant vendu vne maison de l'heritage sujet à Substitution à vn nommé Bonnet, qui l'auoit encore vendu à Iacques Cœur, lequel pour quelque delict par luy commis, fut condamné à peine capitale, & ses biens confisquez. En la confiscation Iean, fils de Geoffroy, s'oppose pour le regard de ladite maison, alienée par François heritier : fut dit par Arrest de Paris que ladite maison seroit distraicte de la confiscation ; & icelle appartenir audit Iean, fils de Geoffroy, par droit de Substitution en vertu de ce mot (& ses enfans) apposé au testamêt a disant ledit Charond. qu'en cela ny pouuoit auoir prescription au preiudice de Iean, qui n'auoit action qu'apres le decez de Henry son ayeul ; & que la Substitution luy estoit ouuerte, contre laquelle, la confiscation faicte des biens de Iacques Cœur ne b pouuoit auoir lieu. Le mesme sieur Charond. au liu. 10. de ses Responces, chap. 17. apporte vn autre Arrest de Paris contraire au susdit, par lequel vn proneueu se disant substitué aux biens de son bisayeul, en vertu de ces mots (enfans) en fut debouté : mais

M 2   en

a par la loy 220. liberorum ff. de verb. signif. & Bart. là dessus & en la l. Gallus §. videndũ ff. de liber. & posth. & par la l. 1 §. C. de condit. instit. & par la l. veque C. de decurrionibus.

b par la l. 19. Si finita §. Si de vectigalibus ff. de damno infecto, & la l. 1. sur la fin C. de Annali except. & par l'autentique nisi C. de bon. maternis, & par la l. 8. ex lege C. de condict. ob cauf. detni.

en l'eſpece du dernier Arreſt, le proneveu eſtoit manifeſte-
ment hors le quatriéme degré de Subſtitution, & eſtoit au
cinquiéme ou ſixiéme, veu qu'il n'eſtoit que petit fils de
la cinquiéme perſonne ſubſtituée:mais en l'eſpece cy deſſus
propoſée, Iean eſtoit petit fils de la premiere perſonne ſubſtituée.

TRAICTE

TRAICTE
DES
SVBSTITVTIONS,

SIXIÈ'ME PARTIE.

De la fideicommissaire Substitution.

QVESTION I.

'O v' deriuez-vous ce mot, fideicommissai-re? Ie le deriue du verbe latin *fideicommitto,* par lequel apres qu'vn testateur a fait vn heritier, il l'arraisonne (s'il veut) de la forte. Mon heritier, ie vous prie, recommande & m'asseure sur la foy que vous me don-nez, que dix ans apres mon decez, (ou bien quand vous mourrez) vous rendrez l'heritage que ie vous laisse, ou par-tie d'iceluy, à Seius : & sur vostre parole, ie me confie & repose en la foy promise. Ce qu'ayant ainsi esté resolu en-tre le testateur & l'heritier, c'est vn heritage que Seius peut esperer de receuoir des mains de l'heritier, ou de ses heri-

tiers,

tiers , *ex fideicommiſſo* , c'eſt à dire à tiltre de Subſtitution
fideicommiſſaire , en vertu de la parole donnée.

QVESTION II.

Depuis quel temps , & à quelles fins , a eſté introduict
l'vſage des fideicommis ? Ie dy qu'il eſtoit en vigueur chez
les Romains , auparauant le temps de l'Empereur Auguſte,
par lequel vſage ſi vn teſtateur auoit volonté de laiſſer ſon
heritage à quelque perſonne incapable d'iceluy , comme à
ſon baſtard , & ne le pouuoit faire ouuertement , ny directement , il le faiſoit indirectement en faiſant election de
quelque perſonne capable d'eſtre heritier : & apres l'auoir
fait heritier tiroit parole de luy , qu'apres quelque temps
preſcript par le teſtateur , il rendroit cét heritage, ou portion
d'iceluy, à la perſonne laquelle luy auoit eſté nommée par
le teſtateur. De ſorte que ce qui ne ſe pouuoit faire directement , ſe faiſoit obliquement : mais la perfidie de la plus
part de ces heritiers choiſis, eſtoit telle ; qu'apres le decez du
teſtateur, ils ne tenoient compte d'obſeruer la parole qu'ils
auoient donnée, iuſques à ce que du temps de l'Empereur
Auguſte fut publié vn Edict , par lequel ces perſonnes qui
s'eſtoient engagées de paroles enuers les teſtateurs, de rendre leurs heritages ſelon leur intention , furent obligez de
ce faire ; quand bien ces perſonnes auſquelles les heritages
deuoient eſtre rendus , fuſſent incapables de telles ſucceſſions : où il faut remarquer que l'heritier qui eſtoit obligé de
rendre l'heritage , s'appelloit heritier fiduciaire : & iceluy
auquel il l'eſtoit obligé de le rendre, s'appelloit heritier
fideicommiſſaire.

QVESTION III.

De cette reftitution qu'en arriuoit-il ? Il en arriuoit qu'apres la reftitution faite de l'heritage, toûtes actions hereditaires, actiues & paffiues paffoient à l'heritier fideicommiffaire, ou à tout le moins à proportion de ce qu'il receuoit de l'heritier fiduciaire ; c'eft à dire, que fi au teftateur eftoit deu quelque chofe, c'eftoit à l'heritier fideicommiffaire de l'exiger. Si auffi le teftateur eftoit obligé en quelque chofe, c'eftoit contre le mefme heritier fideicommiffaire que les creanciers pouuoient dreffer leurs actions.

QVESTION IV.

L'heritier fiduciaire ne reffent-il point quelque commodité de cette qualité d'heritier, ou fi elle luy eft infructueufe? Ie dy qu'anciennement il n'en reffentoit point : mais qu'il eftoit obligé de rendre tout l'heritage à celuy à qui il auoit efté prié de le rendre, fans qu'il luy fuft permis d'en retenir vne petite portion : & c'eftoit la caufe pour laquelle le plus fouuent les heritiers fiduciaires voyans le peu de proffit qui leur en aduenoit, faifoient refus d'accepter ces heritages,& par ce moyen les volontez des teftateurs, & leurs fideicommis demeuroient illufoires , iufques au temps que Pegafus fut Conful de Rome: car lors il fut donné vn Arreft par le Senat Et du temps que Trebellius fut auffi Conful , en fut donné vn autre par lefquels deux Arrefts fut permis de là en auant aux heritiers fiduciaires de retenir des heritages reftituables la quatriéme portion, & d'icelle difpofer à leur volonté : laquelle portion fut appellée trebellianique, du nom de Senatufconfulte Trebellian : & à mefure de cette trebellianique, il fe chargeoit des debtes hereditaires & des legats: mais en cette trebellianique il failloit precompter la portion,fuft grande ou petite,que par le teftateur luy auoit efté permis de retenir.

QVESTION V.

L'heritier qui donne parole au testateur de rendre son heritage à vne personne incapable d'vne telle succession : comme au bastard dudit testateur, se doit-il preualoit de quelque proffit ? Ie dy que non, mais en donnant ceste parole en fraude de la loy, il se rend indigne de toute commodité. Si toutesfois au temps que cette parole & promesse fut donnée, le fideicommissaire estoit capable du fideicommis : mais puis apres par sa faute il s'en est rendu incapable, l'heredité, ou legat restituable demeurent à l'heritier, qui en cela n'a point failly de promettre de rendre vn heritage, ou vn legat à vne personne capable du temps que la promesse fut faite.

QVESTION VI.

En combien de façons peut-on faire vn fideicommis ? Ie dy qu'en trois façons. Purement, A vn temps, & sous Condition : Purement quand le testateur oblige l'heritier fiduciaire de rendre l'heritage, ou partie d'iceluy, sans attendre aucun temps ny condition : & lors des le iour mesme que le testateur est decedé, le temps est arriué auquel il faut rendre l'heritage : en sorte que si auparauant qu'il soit rendu, le fideicommissaire se trouue decedé, il a neantmoins transferé à ses heritiers (quoy qu'estranger) l'esperance qu'il auoit de le receuoir, notamment en France, où l'on n'a besoin d'aucune formalité en matiere de restitution d'herita-ge : mais des aussi tost que le temps est venu, auquel il faille restituer vn heritage, la restitution est tenuë pour faicte, & peut le fideicommissaire prendre possession de l'herita-ge restituable, & là iouyr, comme il iouyt des biens qu'il auoit auparauant. Soubs vn temps, quand pour rendre par l'heritier vn heritage, le testateur y a apposé vn temps cer-tain, ou incertain : certain s'il a dit, Ie veux que des auiourd'huy

en

en vn an mon heritier rende mon heritage à Iean ; & lors il
ne peut estre contraint de le rendre , sinon lors que le dernier iour de l'année sera passé : soit que le iour soit certain
d'entre les incertains , ou incertain d'entre les incertains.
Certain , entre les incertains , s'appelle cettui-cy : Ie veux
que mon heritier rende mon heritage à Iean , quand son
pere sera mort : car il est tout certain que le pere de Iean
mourra , mais il est incertain quand ce sera. Incertain des
incertains s'appelle cettuy-cy:Ie veux que mon heritier rende mon heritage à Iean , quand François se mariera,quand
Lucia accouchera d'vn fils ; car ce iour est incertain de
toute incertitude ? puis que outre qu'on ne sçait pas si Iean
se mariera , ou si Lucia accouchera d'vn fils,on ne sçait pas
encore quand ce sera : & lors,& en cette sorte de fideicommis : si Iean se treuue decedé auant que le iour arriue, l'heritage ne laisse d'estre deu à ses heritiers,quoy qu'estrangers,
sous-condition , quand le testateur a mis au fideicommis
vne condition laquelle peut arriuer , & non arriuer. Par
exemple , s'il a dit: Si mon heritier decede sans enfans, ie
veux que mon heritage soit rendu à Iean : & en ce cas
s'il arriue que le fideicommissaire soit decedé (mesmes auec
enfans) auant la condition, c'est à dire , auparauant que
l'heritier soit decedé sans enfans , le fideicommis cesse, &
n'a point de lieu , mesmes au profit du fideicommissaire :
toutesfois cette rigueur n'est suiuie en France,sinon quand
le testateur fideicommettât est collateral au substitué,com-
me s'il est son frere , ou son neveu descendant d'vn frere :
mais si le substitué est fils , ou fille du testateur , petit fils
ou petite fille , lors il renuoye à ses enfans l'esperance du
fideicommis, lequel il n'a iamais reconneu , & lequel n'est
pas arriué de son temps.

N   *Question*

QVESTION VII.

Ce que nous venons de dire, qu'vn heritier fiduciaire (lequel en rendant l'heritage s'eſt reſerué quelque choſe d'iceluy) eſt obligé aux debtes hereditaires à meſure de la valeur de ladite choſe qu'il a gardé, eſt-il touſiours veritable ?
Ie dy que cela eſt veritable, quand la choſe gardée fait vne quotité ou portion de l'heritage : par exemple vn quart, vn tiers, ou vne moitié, mais non pas ſi ce n'eſt qu'vne choſe particuliere, ou quantité. Par exemple, vn fonds, vne maiſon, vne ſomme : car lors il n'eſt obligé aux debtes hereditaires. De façon que ſi le teſtateur a ainſi diſpoſé en ſon teſtament : Ie fais heritier Pierre, à la charge de rendre mon heritage à Iean, en ſe reſeruant la moitié, ou le tiers, ou le quart : lors ſi Pierre s'en reſerue le quart, ou le tiers, ou la moitié, il ſera tenu de contribuer & payer vn quart, ou le tiers, ou la moitié des debtes. Mais ſi le teſtateur a parlé de la ſorte : Ie veux que Pierre rende mon heritage à Iean, en ſe reſeruant pour ſoy cette maiſon, ou bien cent eſcus ; lors encore que cette maiſon ou les cent eſcus vaillent plus que du quart, ou du tiers de l'heritage, il n'eſt nullement obligé aux debtes Pareillement ſi le teſtateur a parlé ainſi en ſon teſtament : Ie veux que mon heritier rende à Iean vn quart, ou vn tiers, ou la moitié de mon heritage : lors Iean ſera tenu de payer des debtes hereditaires le quart, ou le tiers, ou la moitié : mais ſi le teſtateur a dit : Ie veux que mon heritier rende à Iean cette maiſon, ou bien cent eſcus, lors Iean qui receura cette maiſon, ou bien cent eſcus, qui poſſible vaudront plus que le tiers ou la moitié de l'heritage, ne ſera neantmoins obligé aux debtes.

QVESTION VIII.

Si apres l'euenement de la condition, ou du iour auquel le fideicommis est restituable, l'heritier chargé de rendre ne le rend point, pour n'en estre interpellé; & pendant vn long temps iouyt de l'heritage, puis est interpellé de le rendre, les fruicts que pendant ledit temps il a perceu, sont-ils restituables: Ie dy que non, par la loy 58. *deducta §. hæreditatem*, & par la loy 18. *in fideicommissaria*, & la loy 22. *mulier §. si hares ff. ad trebell.* & par la glos. du chap. *Raynutius*, sur le mot *à tempore litis contestatæ extr. de testament.* mais ils demeurent à l'heritier greué. Surquoy voyez vne fort belle decision dans Guid. Pap. Ranchin & Ferrier, en la question 496.

QVESTION IX.

Ie fais mon testament, & en iceluy fais heritier ma femme, à la charge de rendre quand elle decedera mon fonds Tusculan à celuy de mes enfans qu'elle aymera le mieux: ma femme mariant vne sienne fille, luy rend ce fonds par contract de mariage, ie demande si elle s'en peut dedire & changer puis apres de volonté, iusques à pouuoir rendre le mesme fonds Tusculan à vn autre de ses enfans: Ie dy qu'ouy, mais si i'auois ordonné à ma femme de rendre ce fonds à sa fille aisnée (quand elle decederoit) lors la donation qu'elle en feroit pendant sa vie, seroit bonne & ne pourroit varier, a par la loy 10. *post mortem C. de fideicommiss.* & selon Maynard, au liu. 8. chap. 81. & la Roche au liu. 6. tit. 75. Arrest. 3. à quoy sert encore l'axiome commun, par lequel on dit que toutes & quantesfois qu'en vn testament y a vn temps apposé, il faut croire que c'est en faueur de l'heritier, lequel b peut renoncer à ceste faueur.

a par la loy 77. cum pater §. à Titio ff. de leg. 2. & par la loy 10. Sed & si ante ff. ad trebell. & selon Mayn. au liu. 2. chap. 89. par vn Arrest de Tholose.
b duquel axiome est parlé en la l. 17. cum tempus ff. de reg. iur.

QVESTION X.

Titia fait heritier son mary, à la charge de rendre l'heritage (quand il mourra) à Meuius, & si Meuius decede auant quant que le mary, qu'il le rende à Lucius : le mary viuant rend l'heredité à Meuius (ce que neantmoins il n'estoit obligé de faire, sinon apres sa mort.) Apres cette remission faite du viuant (comme nous auons dit) du mary, Meuius decede, qui ja possedoit cét heritage, on demande si nonobstant cette remission, Lucius ne la peut encore demander, & dit-on qu'il la peut *a* demander.

a par la l. 4. Vxore §. Seium maritum ff. de leg. 3.

QVESTION XI.

Vn mary fait sa femme heritiere, à condition de rendre l'heritage à celuy qu'elle aymera le plus : cette femme fait puis apres vn testament, par lequel elle instituë heritier vn de ses enfans, sans parler dans ce testament de l'heritage du mary : on demande si de ce qu'elle a fait heritier cét enfant en son propre heritage, elle n'est pas aussi censée l'auoir fait és biens du mary, lesquels elle ait voulu luy rendre, & dit-on *b* qu'ouy.

b C'est ce qu'enseigne Charond. au 7. liu. des respons. chap. 116.

QVESTION XII.

Vn testateur fait heritier Pierre, à condition de rendre purement l'heritage à Iean, & Iean à François, & François à Claude : Iean ne tient conte de se faire rendre l'heritage par Pierre, pour n'oser luy desplaire, & pour estre son proche parent & esperer plus de luy, ou pour estre si riche qu'il n'a besoin de cét heritage. La question est, si François le pourra demander à Pierre, ou si François ne faisant encore point de conte de le demander, Claude le pourra faire? Ie dy, qu'ouy, & non seulement sa portion, mais encor la portion des deux premiers substituez, qui n'ont vou-

lu, ny

lu, ny osé demander l'héritage , & ce par vn droit a d'accroistre.

a par la loy
16. cogi.§.
Metianus
ff. ad Tre-
bell.

QVESTION XIII.

Vn testateur ayant vn fils & deux freres , fait son fils
heritier , & s'il decede sans enfans masles , substituë l'aisné de ses freres , & si ce frere decede sans enfans masles,
substituë le second frere : & si ce second frere decede sans
enfans masles , substituë le plus proche de sa parenté , defend par exprés à son fils , & à ses freres , & à toutau-
tre successeur de n'aliener en façon quelconque , & à
quel tiltre que ce soit , vne certaine terre qu'il leur nomme , veut que ladite terre demeure perpetuellemett en
sa famille : le fils decede sans enfans , partant la substitution a lieu en la personne de l'aisné des freres, lequel
vend cette terre à vn qui n'est pas de la famille du testateur , & decede sans enfans , par consequent la substitution a lieu au profit du second frere , lequel par
ce moyen a droit de retirer cette terre : mais au lieu de
la retirer, il transige auec l'acquereur , & en retire vne
somme d'argent : puis decede, laissant vn fils lequel ré-
pudiant l'heritage de son pere , veut retirer cette terre
de l'acquereur ; fut demandé à Charond. s'il le pouuoit
faire , & ledit Charond. au liu. 11. de ses Respons,Chap.
14 . respondit qu'ouy : parce qu'il estoit substitué aux
biens de son oncle testateur en vertu de ce mot de masles,& par la prohibition d'aliener, laquelle induit vn fideicommis.

N 3   Question

QVESTION XIV.

Le fideicommis ne ſe peut-il laiſſer que par vn teſtament? Ie dy qu'il ſe peut laiſſer non ſeulement par celuy qui fait teſtament, mais encore par celuy qui n'en fait point, diſant de la ſorte : Ie prie celuy qui me doit ſucceder, *ab inteſtat*, de rendre mon heritage à Titius, & ce fideicommis vaudra : en ſorte que le plus proche parent qui aura ſuccedé, *ab inteſtat*, eſt obligé de rendre ledit heritage à Titius, en ſe retenant la trebellianique, par le §.*præterea inſtit.de fideicommiſſ. hæredit.* & ſelon Graſſ. *au §. trebellianica, quæſt.* 3. Il peut auſſi eſtre laiſſé dans vne donation, ſoit entre vifs, ſoit à cauſe de mort, par la loy 8. §. *cum is ff. de tranſact.* & la loy 77. *cum pater* §. *eorum ff. de leg.* 2. De façon que ſi vn pere colloque en mariage ſon fils, & luy fait donation d'vne partie de ſes biens, il peut mettre dans cette donation vn fideicommis : que ſi ce fils decede ſans enfans, les biens donnez retourneront à vn tel, ou bien peut charger ce dit fils de rendre leſdits biens à vn tel ; & de cette ſorte de fideicommis eſt appellé conuentionnel, ou contractuel ; & celuy qui eſt appoſé dans vn teſtament eſt appellé teſtamentaire.

QVESTION XV.

Quelle difference auez-vous remarqué entre ces deux ſortes de fideicommis : I'en ay remarqué ſix. La premiere, que ſi dans le fideicommis conuentionnel eſt faite mention des enfans du donataire, qui doit rendre les biens donnez à vn tiers, au cas qu'il decede ſans enfans ; ces enfans mis en condition ſont cenſez eſtre en diſpoſition : c'eſt à die qu'ils ſont ſubſtituez à leur pere, & leur pere eſt obligé de leur conſeruer & rendre leſdits biens : ainſi que l'enſeigne Automne, par vn Arreſt de Bourdeaux, en la loy 9. *Si pactum ff. de probat.* mais en vn fideicommis teſta-

mentaire

mentaire, les enfans de l'heritier mis en condition, ne font
cenfez eftre en difpofition, & n'eft l'heritier qui decedera
auec enfans,obligé de leur conferuer & rendre ledit herita-
ge:côme eft cy deffus dit en la 11. queftion de la compendieufe Subftitution. Cette difference a bien efté de l'opinion de quelques Docteurs: mais Ferrier en la 39. queftion
de Guid. Pap. & Charond. au liu. 10. des Refponf.chap 49.
reiettent cette opinion, & cette difference par vn Arreft de
Paris ; difant qu'en nul cas les enfans , ny de l'heritier , ny
du donataire mis en condition , ne font en difpofition. La
feconde difference eft, en ce que du fideicommis teftamentaire, l'heritier qui doit rendre l'heritage a le pouuoir de
retenir la trebellianique ; ce que n'a pas le donataire, qui eft
chargé de rendre les biens donnez,par la glof. de la loy 12.
in donationibus C. ad leg. falcid. & felon Maynard , au liu.
5. chap. 67. & Graff. au §. *trebellianica , quæft* 5. La troifiéme difference eft en ce que le fideicommis teftamentaire
(non iamais reconneu par le fideicommiffaire) n'eft tranf-
miffible à fes heritiers : mais fi eft bien le fideicommis con-
uentionel, arriuant que celuy à qui les biens donnez font
reftituables , decede auparauaut le donataire , §. *in conditio-
nali inftit. de verb. oblig.* La quatriéme difference eft en ce
que fi celuy qui dans vn teftament eft appellé à quelque
Subftitution , eft en volonté de s'en departir , & y renoncer au proffit de l'heritier , il faut que cela fe faffe apres
auoir leu & ouy reciter par le Notaire qui receura la renonciation , & luy aura donné à entendre la claufe du teftament , laquelle contient le fideicommis ; autrement ladite renonciation ne feroit valide : mais en matiere de fideicommis conuentionnel , fi le fideicommiffaire eft en
volonté d'y renoncer , & fe departir de l'vtilité d'iceluy appofé en fa faueur dans vne donation , il le peut faire encore que ladite donation ne foit leuë , ny recitée par le Notaire. En cette quatriéme difference neantmoins Ranchin
en Guid. Pap. queft. 132. dit que fi les parties auparauant
que de venir à cette renonciation , ont eu connoiffance du
teftament,

ment , contenant le fideicommis , il n'eſt pas neceſſaire de mettre en l'acte de renonciation ces paroles , Veu & recité vn tel teſtament , fait par tel , contenant telle choſe , datté d'vn tel iour & an. La cinquieſme difference eſt en ce que le fideicommis laiſſé dans vn teſtament , peut eſtre reuoqué à la volonté & arbitrage du teſtateur : mais celuy qui eſt laiſſé dans vne donation , ne peut eſtre reuoqué non plus que la donation *a* meſme. La ſixiéme eſt en ce qu'vn ſubſ-titué en vne donation eſt obligé aux debtes crées par celuy auquel il eſt ſubſtitué , mais non le ſubſtitué en vn teſta-ment aux debtes de l'heritier : Comme dit Pap. au liu. 20. du Recueil des Arreſts , tit. 1. Arreſt 14. auoir eſté iugé à Bourdeaux : & au liu. 20. tit. 2. Arreſt 3. à laquelle ſixiéme difference neantmoins , ie ferois doute de m'arreſter , veu que ſi elle auoit lieu , ce ſeroit vn vray moyen deluder le droict du ſubſtitué en vne donation.

a pur la loy
5. ſicut C.
de oblig.
& actionib.

QVESTION XVI.

Ce que nous auons dit cy deuant en la ſeptiéme que-ſtion , que l'heritier fiduciaire ſe reſeruant la quarte trebel-lianique eſt obligé de contribuer pour vn quart au paye-ment des debtes hereditaires , en eſt-il de meſme pour les legats teſtamentaires? Ie dy que non:mais que le fideicom-miſſaire ſeul eſt *b* obligé au payement deſdits legats , ſi ce n'eſt que le fiduciaire ſe ſoit reſerué plus que du quart , par la diſpoſition du teſtateur : car pour ce qui excede le quart, il eſt obligé *c* auſdits legats ; notamment ſi ce quart , & ce plus, font vne quotité d'heritage , non autrement.

b par la loy
2. & la glo.
C. ad tre-
bell. & la l.
1. §. fin. &
la glo. ff.
eod.
c Gui. Pap.
Ranchin, &
Ferrie en
la queſt.
196.

QVESTION XVII.

Le fideicommiſſaire demandant le fideicommis à l'heri-tier, & ne le pouuant prouuer,luy peut-il deferer le ſerment, aux fins qu'il iure ſi le teſtateur ne luy a pas commandé, ou ne la pas prié de rendre au fideicommiſſaire telle & telle choſe:

chose ? Ie respons qu'ouy , & est lors l'heritier obligé de iu-
rer , sans qu'il puisse referer le serment au fideicommissaire , selon Bened. en la matiere de la fideicommiss. Substit.
num. 161

QVESTION XVIII.

Si vn testateur, auparauant que le Notaire commen-
çât d'escrire son testament , auoit dit à quelqu'vn , ou au
Notaire mesme, qu'il vouloit substituer Iean à son heritier,
& neantmoins cela ne se treuue escrit dans son testament
par oubly , ou inaduertance, tant de luy , que du Notaire:
Ie demande si Iean (que le testateur auoit intention de substituer) ne peut pas verifier cette intention par tesmoins
ie dy qu'ouy, pourueu qu'il le preuue par sept , & non *b*
à moins.

QVESTION XIX.

Pierre instituë son fils , qui a vn autre fils appellé Seius:
au fils il defend d'aliener vn certain fonds , qu'il
veut demeurer perpetuellement dans sa famille : le fils fait
heritier son fils Seius , & le charge de beaucoup de legats , à raison desquels il veut vser de la falcidie : les legataires luy disent qu'il ne peut vser de la falcidie, ou s'il
en veut vser, qu'à tout le moins il doit conter en icelle le
fonds que son pere n'a point vendu , & lequel il treuue
encore en son heritage : il respond que par preciput il veut
retenir ledit fonds, comme luy appartenant, par disposition de son ayeul : & outre cela, il veut , sur les legats
qui sont faits par son pere, vser de la falcidie, & est fondé
en *c* raison.

O

Question

*a par le §
nuper insti-
tut.de fidei-
commiss.
heredit. &
par la l. fin.
en ces mots
omnimodo
exactione
C. de fidei-
commiss.
b c'est ce
qu'enseigne
le Sieur
President
la Roche.
au tit. des
substit. arr.
9. & Cha-
rond. au
liu. 9. des
respons.
chap. 49.
& Bouchel
au 7. tome
de sa Bi-
bliotheque
sur le mot
Substitu-
tion, spar
vn arrest
de Tholou-
se.
c par la loy
4.fundo,&
§ 4.pater
filium ff. ad
leg. falcid.*

QVESTION XX.

Si ie fais heritier mon fils, à la charge de rendre mon heritage à Iean, mon fils en rendant l'heritage, fe peut-il retenir la legitime & quarte trebellianique ? Ie dy qu'en qualité de fils, il peut retenir fa legitime, & en qualité d'heritier fa trebellianique : fi toutesfois ie le charge purement, & fans condition de rendre mon heritage à Iean, il ne peut en ce cas retenir que fa legitime : mais fi ie le charge fous condition, par exemple, s'il decede fans enfans, lors il peut retenir les deux, legitime & trebellianique, c'eft la difpofition de la Glof. fur le mot *legis* de la loy 1 0. *quamquam C. ad leg. falcid.* & de la loy 67. *quoties* fur le mot *debeatur, ff. eod.* & du chap. 1 6. *Raynutius ext. de teftament.* & tres-expreffement de la glo. en l'autent. *de hared. & falcid.* fur le mot *auferri*, & la doctrine de Graff. au §. *trebellianica quaft.* 4.

QVESTION XXI.

Si quelqu'vn a efté fait heritier fous condition, laquelle peut arriuer & non arriuer, comme fi vn nauire vient d'Afie, & qu'il foit purement chargé de rendre l'heritage à vn autre, fans redire cette condition, on demande fi elle eft cenfée repetée : Ie dy *a* qu'ouy, & que l'heritier n'eft obligé de rendre l'heritage à vn autre, finon apres l'euenement de la condition, puis que n'eftant encore heritier, finon apres que la condition fera aduenuë, il ne peut pas rendre ce qu'il n'a pas encore receu : mais fi la condition appofée en l'inftitution eft poffible à l'heritier, & neantmoins honteufe, comme s'il prend le nom de macquereau, ou bien fi elle luy eft impoffible, tant de fait que de droit, comme s'il boit toute l'eau d'vne riuiere, s'il tuë vn tel homme, lors cette condition eft tenuë, comme non appofée, & l'heritier comme purement inftitué eft

obligé

a par la l. 9. fed & fi. §. Si quis fub conditione. & là la glo. fur le mot Si quis fub conditione ff. ad trebell.

obligé dés le iour du decez du teſtateur *a* rendre l'heritage *a* : mais ſi la condition (outre qu'elle eſt poſſible à l'heritier) eſt encore honneſte , comme s'il porte le nom honneſte du teſtateur : lors ſi l'heritier fait refus de prendre ce
nom , il eſt bien vray qu'il n'y eſt pas obligé, mais auſſi ſi
cette condition luy eſt remiſe , ce n'eſt pas pour ſon auantage , ny pour le laiſſer iouyr de l'heritage : mais pour la
commodité du fideicommiſſaire, qui dés auſſi toſt apres ce
refus , peut *b* demander la iouyſſance de cét heritage. Si en
fin la condition appoſée en l'inſtitution, conſiſte à donner,
comme ſi le teſtateur a dit : Ie fais heritier Pierre, s'il donne cent eſcus à l'Hoſpital , & luy ſubſtituë Iean , & que
Pierre faſſe refus de donner cent eſcus à l'Hoſpital , Iean
ſera receu à demander la iouyſſance de ſes biens, mais ce
ſera en donnant cent eſcus à *c* l'Hoſpital.

QVESTION XXII.

Vn ſubſtitué & fideicommiſſaire ſe peut-il départir &
renoncer au profit qu'il eſpere auoir de la ſubſtitution ? Ie
dy qu'ouy, ſoit qu'il ſoit purement laiſſé ou ſous condition,
pourueu que la renonciation ſoit faite au profit du ſeul heritier fiduciaire , non pas ſi au profit d'vn tiers, pour le re-
mettre & ſubroger en ſa place, car il ne le *e* peut faire : toutesfois quand bien ce ſeroit au profit de l'heritier , il faut
que cela ſe faſſe premierement par paƈte, c'eſt à dire , du
conſentement , & auec acceptation de l'heritier ; car ſi cela
ſe fait en ſon abſence, & luy ne l'acceptant point, c'eſt ne
rien faire. Secondement , il faut que cela ſe face apres auoir
veu par le renonçant , ou entendu reciter la clauſe du teſtament , laquelle contient le fideicommis, autrement cette remiſſion *f* ne vaut : ce dequoy apparoiſtra ſi le Notaire
qui receura la renonciation , dit que les parties apres auoir
leu & entendu reciter vn tel teſtament, fait par vn tel, contenant ſubſtitution au profit d'vn tel , ſont venu en ac-
cord, comme dit Iaſ. en ladite loy, *de his* , voulant que

O 2   telles

a par la l.7.
Ita ſi ſciē-
dū, & la l.
63.faƈta §.
Si ſub con-
ditione ff.
ad trebell.
b par le §.
ſi ſub con-
ditione , ja
cité.
c par le
meſme § ſi
ſub condi-
tione verſ.
Si danda.
d par la l.1
& 16. cum
proponas C.
de paƈt.
e Comme
fut ingé. à
Grenoble,
teſmoin
Expylli, au
chap. 13.
de la 2.par-
tie.
f par la l.6
de his
de tranſaƈt.
c'eſt la l.5.
§. 1. ff.
quemad-
mod. teſta-
ment. aper.
Guid. Pap.
quæſt. 232.
Pap. tit.
des ſubſtit.
arr. 25. Pe-
lem q. 50.

telles parolҽs ſoient ſuffiſantes : mais s'il eſt queſtion de tranſiger ſur les forces & ſur le contenu en vn contract entre vifs : cela ſe peut faire ſans qu'il ſoit neceſſaire d'exhiber ny de lire ledit *a* contract.

QVESTION XXIII.

Si deux coheritiers entre leſquels y a ſubſtitution reciproque partagent l'heritage, s'enſuit-il de là qu'ils ayent entendu renóncer au fideicommis, ſoient qu'ils en ayent la connoiſſance, ou qu'ils l'ignorent. Mayn. au liu. 5. chap. 95. dit que non, encore que par ſerment ils promettent l'vn à l'autre de ne iamais contreuenir à la diuiſion par *b* eux faite, ſinon que par exprés, & par ſpeciale renonciation, l'yn & l'autre ſe ſoient départis du profit de la ſubſtitution contenuë dans le teſtament d'vn tel, datté d'vn tel iour, *c* receu par vn tel, mais ſi ſimplement & generalement ils ont renoncé à tous fideicommis qui les pourroient concerner, & à toutes pretentions par eux ſçeuës ou ignorées, cela ne ſuffiroit, comme dit le meſme Graſſ. au lieu cité à la marge.

QVESTION XXIV.

Si l'heritier chargé d'vn fideicommis, donne ou vend les biens ſujets à ſubſtitution, en la preſence du ſubſtitué qui ne dit mot, & ne s'oppoſe à cette alienation, ce ſilence eſt-il equipollent à vn acquieſcement, ou à vne renonciation qu'il fait au fideicommis ? Ie dy que non, mais qu'il y faut vn exprés conſentement, & la raiſon eſt, parce qu'encore que le ſubſtitué ſe vouluſt oppoſer à cette alienation, les contractans, s'ils vouloient, ne laiſſeroient de paſſer outre, veu que pendant la vie d'vn heritier fiduciaire, les choſes hereditaires ſont en ſa main, & la vente qu'il en fait eſt bonne de foy, attendant le temps de reſciſion ; par la loy derniere, §. *Sin autem* C. *Commun. de legat.* & ſelon Graſſ.

au §. *fideicommiss. quæst.* 62. de sorte que la seule presence
& seul silence dans lequel seroit le substitué qui verroit aliener les choses de la substitution , & ne diroit mot , ne luy
pourroit nuire : *a* si toutesfois en la vente ou donation
que l'heritier fiduciaire fait des susdites choses , le substitué interuient comme consentant , & comme s'obligeant
à l'acheteur en cas d'euiction : lors la vente tient , & n'est
receu ledit substitué (le cas de restitution aduenant)de venir contre son fait , *b* si ce n'est qu'il fust moindre de 25.
ans , quand la vente se faisoit : le mesme en est, si sans l'exprés consentement du substitué , mais seulement en sa presence , l'heritier vendant , asseure l'acheteur que les choses
qu'il vend ne sont sujetes à aucune substitution , & que de
ce costé l'acheteur ne doit apprehender ; car si le substitué
entend ce discours tenu par l'heritier , & demeure dans le
silence , lors il se peut preiudicier, par argument de la loy
5. *siue C. ad vell.* & de la Glos. en la l. *cum proponas, C. de*
pactis.

a par la loy
Titia §.
Lucia.ff.de
leg. 2.
b par la loy
21. quoties
C. de fidei-
commiss. &
la loy 91.
codicillis in
§. 1. ff. de
leg. 21. &
selon la Ro-
che au tit.
des substi-
tutions,
arr. 7.

QVESTION XXV.

Quelles choses peut demander le fideicommissaire,
quand le temps de restitution est aduenu ? Ie dy qu'il peut
demander non seulement ce qui estoit absolument & purement acquis & vendu au testateur au temps de son decez , mais encore les biens sur lesquels il n'auoit qu'vne
simple hypotheque , ou vente en iour , ou qui luy auoient
esté vendus sous pacte de rachapt : car si apres son decez
l'heritier fiduciaire fait purifier les ventes , & que les fonds
luy demeurent estrossement acquis , il est obligé de rendre non seulement les deniers que le testateur auoit sur ces
biens , mais encore les biens mesme, selon Maynard au
liure 5. chap 64. & est aussi obligé de rendre ce dequoy il
s'est preualu de la pupillaire substitution faite à son profit,
au fils impubere du testateur *c* de mesme est obligé de rendre ce que par la repudiation de son coheritier luy est ad-

c selon
Guid.
Pap. en la
quæst. 103,

O 3 uenu

uenu, *a* & accreu : le contraire toutesfois est tenu par Ferriere, en la quest. de Guid.Pap. 303. où il dit que la part repudiée par l'vn des coheritiers, demeure à son compagnon, auec pouuoir d'en disposer, il allegue la L 83. *Si totam ff. de acquir. hæred.* laquelle en escriuant cecy, i'ay verifié, & qu'elle ne fait rien à propos pour l'intention de Ferriere, ouy bien la loy 27. *Si Titius,* & la l. 41. *hæred. ff. de vulg. & pupill.*

a par la loy 43. Papinianus ff. ad trebell. & selon Grass. au §. fideicommiss. quæst. 68.

QVESTION XXVI.

Si auiourd'huy ie fais mon testament, dans lequel ie fasse heritier Pierre mon fils, auec prohibition à luy d'aliener mes biens, voulant qu'ils demeurent dans ma famille (de laquelle clause il n'y a personne qui n'aduouë qu'on en peut induire vn fideicommis en faueur des enfans de *b* Pierre) mais si vn mois apres ie fais vn autre testament, reuoquant cettuy-cy, & dans ce second testameut ie fais heritier le mesme Pierre, sans renouueller cette clause de ne pouuoir aliener mes biens : on demande si elle ne sera pas censée renouuellée ? Ie dy qu'ouy, puis que ie fais le mesme Pierre *c* heritier : mais si dans le second testament ie faisois vn autre heritier, cette clause ne seroit censée renouuellée

b par la loy 38. pater §. pater ff. de leg. 30.

c par la loy 9. cum tacitum ff. de reprobat.

QVESTION XXVII.

Pendant la vie de l'heritier chargé de fideicommis, les creanciers & debiteurs hereditaires ou legataires peuuent-ils conuenir & transiger auec l'heritier, & les transactions qui se passent lors, obligent elles, ou si elles peuuent seruir au fideicommissaire, ie veux dire, si les debiteurs ayans payé à l'heritier, & de luy prins quittance, tout cela doit estre entretenu par le fideicommissaire ? Ie dy *d* qu'ouy, voire l'heritier fideicommissaire qui se void actionné par pat les creanciers & legataires demandans leurs debtes &

d par la loy derniere ff. de transact. & la l.104 ante ff. de Solut. & par Arg. de la l. 8. sicut §. 1. ff. quib.mod. pigd.vel. hypoth solsuur.

legats, n'a raison de dire ny se defendre sous pretexte du
fideicommis, ny de les renuoyer au temps *a* que ledit fideicommis aura lieu.

QVESTION XXVIII.

L'heritier fiduciaire estant decedé, le substitué dit qu'il
est decedé sans enfans, & demande l'ouuerture de la substitution, les plus proches parens & successeurs de l'heritier, disent qu'il est decedé auec enfans, mais que depuis
luy, ils sont decedez, & demandent la succession : le demande qui de ceux-là doit preuuer son intention, ou le
substitué, en disant que l'heritier est decedé sans enfans : ou
les plus proches parens, en disant qu'il est decedé auec
enfans, & qu'ils luy ont suruescu ? Ie dy que si on est
dans le doute que l'heritier ait iamais eu aucuns enfans,
lors c'est aux parens de preuuer qu'il en a eu, & qu'il les
a laissé apres luy suruiuans, mais s'il conste qu'il en a eu,
& qu'on soit en doute s'ils luy ont suruescu, en ce cas c'est
au substitué de verifier qu'ils sont predecedez à leur pere,
& par consequent que ledit heritier est decedé sans auoir
laissé aucuns enfans apres *b* luy.

QVESTION XXIX.

Vn testateur fait heritier son fils, & veut que l'heritier
de ce fils rende l'heritage à Seius, le testateur & son fils
estans decedez : Seius demande le fideicommis à l'heritier dudit fils lequel veut deduire la legitime & trebellianique, qui appartenoient audit fils premier heritier du
testateur : on demande s'il y a lieu de detraire ces deux
quartes, Graff. au §. *trebellianica quast.* 4. respond qu'il
peut seulement deduire la trebellianique, & non la legitime.

*a par lal.
27. Itata-
men §. qui
ex trebel-
liano.
ff. ad Tre-
bell.*

*b C'est ain-
si que l'en-
seigne Ex-
pilli au
chap. 29. de
sa seconde
partie, ap-
portant vn
arr. de
Grenoble.*

QVESTION XXX.

Vne femme fait heritier ſon mary en vn tiers de ſes biens, & deux enfans qu'elle auoit, aux autres deux tiers ; auſquels elle ſubſtituë les plus proches parens de la parenté, deſquels plus proches parens faut-il entendre, ou des plus proches de la teſtatrice, ou des plus proches deſdits enfans ? Le ſieur de la Roche, ſur le mot *teſtament*, Arr. 12. dit auoir eſté iugé à Tholoſe qu'il failloit entendre des plus proches parens de la teſtatrice : autant en diſent Graſſ. au §. *fideicommiſſum, quæſt.* 18. Charond. liu. 3. des Pand. chap. 14. & Maynard, liu. 5. chap. 52.

QVESTION XXXI.

Vn heritier eſt chargé de rendre vn heritage à quelqu'vn qui ſoit de famille du teſtateur, & qui porte ſon nom & armes, ie demande maintenant ſi en cette famille y a des maſles, des femmes ou filles, le peut-il rendre aux femmes, ou filles auſſi-toſt qu'aux maſles : Ie dy que non, encore qu'elles ſoient plus proches en degré de conſanguinité au teſtateur, que les maſles, ainſi que l'enſeigne Charondas, au liu. 3, des Pand. chap. 14.

QVESTION XXXII.

a par argu-ment. de la loy 30. duo ſunt ti-tu ff. de teſtament. tu... & de la l. 62. in tē-pus ff. de hered. inſti.

Vn teſtateur inſtituë ſon fils heritier, & luy ſubſtituë ſon neveu, fils de ce fils, à condition de porter le nom & armes du teſtateur ; l'heritier decede laiſſant deux fils, on deman-de lequel des deux fils ſera receu, ou ſi tous deux ſeront re-ceus à la Subſtitution, veu qu'ils ſont tous deux capables, ou ſi la Subſtitution ſera caduque, comme faicte d'vne per-ſonne incertaine : Semble d'abord qu'elle eſt *a* caduque, toutesfois Guid. Pap croid qu'elle doit valoir : car enco-re qu'elle ſoit faicte d'vne perſonne incertaine, elle ſt comprinſe

prinfe au nombre des perfonnes certaines : fçauoir dans le
nombre des enfans de l'heritier du teftateur, & à cela ne
nuit le §. *incertis inftit. de legat.* ny le §. *final. de la loy, in
tempus ff. de hæred. inftit.* par ce que en ces deux textes eft
parlé d'vne perfonne incertaine, entre les incertaines ; & en
noftre efpece eft parlé d'vne perfonne incertaine, d'entre
les certaines : doncques fi la Subftitution vaut, & que cela
demeure fuppofé, refte encore la difficulté de fçauoir fi ce
fera au proffit des deux neveux, ou feulement de l'vn ; fur-
quoy femble d'abord que ce fera au proffit de tous deux,
& qu'en ce cas le nombre fingulier fe conuertira en pluriel:
comme en femblable cas fe trouue vne decifion ja faicte en
la loy 16. *Si quis ita* §. *Si quis filio ff. de teftament. tutela, &*
en la loy 17, *qui filiabus* §. 1 *ff. de leg.* 1. toutesfois, dit Guid.
Pap. il eft vray femblable que le teftateur n'a entendu que
d'en appeller vn à la Subftitution, fçauoir l'aifné, & cette có-
jecture fe tire de la loy 41. *eum qui verf. Si autem ff. de verb.
oblig.* & de la l. 89. *bones hoc fermone ff. de verb. fignifi.* où les paroles d'vn contract, ou d'vn teftament indeterminemét pro-
ferées pour le refpect de quelques chofes, ou perfonnes y
mentionnées, doiuent eftre entenduës du premier nommé ;
& dit ledit Guid. Pap. que par la Cour de Grenoble fut iugé, que des deux neveux il n'y en auoit qu'vn qui fuft appellé à la fubftitution, fçauoir l'aifné. De là vient auffi
que fi vn teftateur ordonne qu'apres le decez de fon heritier
fes biens appartiennent à fon plus proche parent, & que
plufieurs parens fe rencontrent auffi proches l'vn que l'autre, & en mefme degré de confanguinité, les biens font
deubs au plus vieux de tous les parens, par argument de la
loy final. *ff. de fund. inftr.*

QVESTION XXXII.

A propos de cette queſtion en voicy vne autre, approchant d'icelle. Titius fait teſtament, dans lequel il fait heritier ſa niepce en la moitié de ſes biens, & le mary de cette niepce en l'autre moitié, adiouſtant ces mots : Vous priant & requerant tous deux que ſi vous laiſſez mes biens à quelqu'vn, que ce ſoit à la charge de porter mon nom & armes. Le mary de cette niepce decedant, laiſſe vn fils & deux filles : ce fils croid d'eſtre ſeul ſubſtitué en la moitié des biens de Titius, en vertu de ces mots, Vous priant & requerant, &c. diſant d'ailleurs qu'il eſtoit ſeul propre pour porter le nom & armes du teſtateur, & non ſes ſœurs : mais par Arreſts de la Cour du Parlement de Paris, remarquez par Charondas, au liure 3. de ſes Reſponſes, chap. 82. & liure 8. chap. 45. & par Montholon, fut dit que cette priere n'auoit point de force de fideicommis, ny de meſme ces paroles : Mon heritier, ie vous recommande vn tel, car telle recommandation n'oblige l'heritier à aucune ſorte de fideicommis au proffit de ce tel. *a* Seruin toutesfois au 3. volume de ſes Arreſt, en l'Arreſt de la Reyne Marguerite, contre Charles Monſieur, apporte vn texte prins de la loy 67. *cum ex filio §. item Marcus ff. de leg.* 2. lequel ſemble conclurre le contraire : il eſt dit la dedans qu'vn mary apres auoir fait ſa femme heritiere, & adiouſté ces paroles dans ſon teſtament : Ie ne doute point que ma femme ne rende à mes enfans tout ce qu'elle a de moy. Ses paroles ayant eſté conſiderées par l'Empereur Marcus, il les expliqua pour auoir force de fideicommis ; mais la repartie eſt facile à cela, en diſant qu'en ces dernieres paroles du § *item Marcus*, la faueur des enfans fit qu'elles furent interpretées pour auoir force de fideicommis : mais ce tel, qui eſtoit recommandé en la loy 11. *fideicommiſſa §. Si ita ff. de leg.* 3. & en l'eſpece rapportée par Charondas, n'eſtoit point enfant du teſtateur, partant on ne fit vne ſi fauorable interpretation en ſa faueur,

ueur, comme si s'euſt eſté vn enfant. Semblable deciſion
que celle dudit §. *item Marcus* ſe trouue en la loy 37.
Pamphilo ff. de leg. 3. où vn teſtateur ayant enfans, & fait
heritier Titius auec ces paroles : Ie ſçay bien que Titius a
tant d'affeꞔtion pour mes enfans qu'il fera venir en leurs
mains ce qu'il aura receu de moy. Ces paroles furent iu-
gées par le Iuriſconſulte auoir force de fideicommis.

QVESTION XXXIV.

Vn pere mariant ſon fils luy fait donation d'vne partie
de ſes biens, & aptes il fait teſtament, par lequel il fait heritier le meſme fils , & le charge de fideicommis, tant aux
biens laiſſez par teſtament, qu'en ceux qui luy auoient ja
eſté donnez , on demande ſi cela ſe peut faire : Charondas
au liur. 9. des Reſponces, chap. 5. par vn Arreſt de Tholoſe, Maynard au liure 5. chap. 34. Automne en la loy derniere, §. *filia ff. de leg.* 2. le ſieur de la Roche ſur le mot,
teſtament, Arreſt 9. & Ferrier en Guid. Pap. queſt. 184.
diſent qu'ouy, & alleguent la loy derniere §. *filia ff. de leg.*
2. & ce en trois cas. Le premier ſi le fideicommis contenu
dans le teſtament eſt appoſé en faueur des enfans du teſtateur. Le ſecond, ſi le fils accepte cette inſtitution à ceſte
condition, en ne faiſant point de contraire proteſtation.
Le troiſiéme , ſi le fils ne fait faire aucun inuentaire des
biens que ſon pere luy a laiſſé par teſtament , auquel dernier cas il ſe fait vn grand preiudice : mais hors de ces
trois cas le fideicommis ne s'eſtendroit aux biens donnez.

QVESTION XXXV.

L'heritier fiduciaire à qui appartiennent legitime & trebellianique ſur les biens du teſtateur, ou trebellianique
ſeulement : ſi par apres eſtant marié il fait heritier le ſubſtitué, & laiſſe l'vſufruiƈt de tous ſes biens à ſa femme, on demande ſi cét vſufruiƈt ſe doit prendre ſur tout l'heritage du
premier teſtateur, ou ſeulement ſur la legitime & trebellianique dudit heritier : Ie dy qu'il ſe doit prendre ſur tout
l'heritage, puis que le ſubſtitué eſt heritier de l'inſtitué; &
partant ledit ſubſtitué ne doit reprouuer le fait de celuy
duquel il eſt heritier, ſelon Maynard au liu. 5. chap. 4. par
vn Arreſt de Tholoſe.

QVESTION XXXVI.

Vn teſtateur eſt decedé apres auoir fait heritier deux
ſiens fils, & les charge reciproquement de ſe rendre l'heritage l'vn à l'autre en cas qu'ils decedaſſent ſans enfans : l'vn
deux marié de long-temps ne ſe void aucuns enfans, & n'a
pas beaucoup d'eſperance d'en auoir, qui eſt la cauſe pour
laquelle il fait paƈte auec ſon frere, par lequel il rend à ſondit frere vne ſomme d'argent, moyennant laquelle le frere
ſe départ de tout le proffit qui luy pouuoit arriuer de cette
Subſtitution reciproque, en cas que le frere marié decedaſt
ſans enfans. Apres ce paƈte faiƈt, arriua que le frere qui
auoit rendu cette ſomme, eut vn enfant; & delà il print
ſubieƈt de vouloir repeter ladite ſomme, on demande s'il
le peut faire : Ie dy que non, parce qu'vn droiƈt dependant
de l'aduenir, & de l'incertitude, peut eſtre remis *a* par vn
paƈte, lequel paƈte n'eſt reſcindé, encore que la cauſe(pour
laquelle ledit paƈte a eſté fait) n'arriue point, ny pour la
minorité, ny pour la leſion de l'vn *b* des contraƈtans. Cette
remiſſion neantmoins faiƈte par vn ſubſtitué au proffit
d'autre que de l'heritier, n'eſt approuuée par le droiƈt, pour

le

le danger qu'il y auroit que ce fideicommiſſaire eſtranger n'entreprint ſur la vie de l'heritier, ainſi que dit Bouchel, au troiſiéme tome de ſa Bibliotheque, ſur le mot, Subſtitutions.

QVESTION XXXVII.

Deux conjoincts par mariage n'ayans enfans, ſe font entr'eux donation mutuelle de tous leurs biens : les preſumptifs heritiers d'iceux qui (comme plus proches parens) attendoient leurs ſucceſſions, les voyans vieux & valetudinaires, pour le doute qu'ils auoient lequel des deux ſuruiuroit, font paction entre eux qu'apres la mort deſdits deux conjoints, ils partageroient également entre eux leſdits biens deſdits conjoincts. Aduint que le mary mourut le premier, & la femme apres ; les heritiers de la femme refuſent de donner aux heritiers du mary la moitié deſdits biens, ſouſtenant que la paction eſtoit nulle, pour auoir eſté faicte d'vne future ſucceſſion : mais par Arreſt de la Cour de Parlement de Paris, remarqué par Charondas, au liu. 10. des Reſponſ. ils furent condamnez d'entretenir la conuention.

QVESTION XXXVIII.

Si l'heritier chargé de rendre vn heritage en cas qu'il decede ſans enfans, eſt condamné aux galeres perpetuelles en vn temps que ſa femme eſt enceinte, & n'a point d'autres enfans, cét enfant qui eſt dans le ventre de la mere, eſt-il capable d'empeſcher le fideicommis, & d'oſter le pouuoir au ſubſtitué de demander l'ouuerture de la Subſtitution, laquelle il pretend eſtre arriuée au moyen de la mort ciuile de l'heritier : Ie dy qu'ouy, puis qu'il a eſté conceu auant que ſon pere euſt eſté condamné, auquel cas il eſt eſtimé comme nay : mais s'il eſt conceu apres la condemnation, il ne l'empeſche pas, par la loy 17. *ex facto* §. *ex facto ff. ad trebell.*

bell. comme de mefme l'enfant engendré par le fubſtitué auparauant que ſon pere ſoit condamné aux galeres , eſt receu à demander le fideicommis , & reprefente ſondit pere, mais s'il eſt engendré apres la condemnation, il ne le *c* reprefente.

QVESTION XXXIX.

Si lors que l'heritier chargé de fideicommis (en cas qu'il decede ſans enfans) decede & laiſſe ſa femme enceinte, & que l'enfant naiſſe ſept mois , ou neuf , ou dix mois apres qu'il a eſté conceu, & puis decede tout à l'inſtant apres la mort de ſon pere , fait-il ceſſer le fideicommis ? Ie *a* dy qu'ouy : mais ſi cinq ou ſix mois , ou au huictiefme mois de ſa conception il venoit à naiſtre (encor qu'en vie) lors il ne feroit ceſſer leſideicommis , d'autant qu'il eſt tout aſſeuré qu'il ne viura point.

a ſelon Paul de Caſtre en la loy vxoris abortu verſ. circa legem C. de poſth. hæred. inſtit.

QVESTION XL.

S'il arriue que l'heritier fiduciaire & ſon fils , meurent enſemble par ruyne , ou par naufrage , lequel doit-on prefumer eſtre mort le premier , pour donner lieu , ou pour faire ceſſer la Subſtitution ? Ie refpons que ſi le fils eſtoit impubere, lors il eſt eſtimé eſtre predecedé à ſon pere; partất le pere ayant ſurueſcu, quand ce ne feroit que par l'eſpace d'vn moment, & puis apres decede ſans enfans, la *b* Subſtitution a lieu : ou le fils eſtoit pubere , & lors il eſt preſumé auoir furueſcu à ſon pere, quand ne feroit qu'vn inſtant de temps, & par confequent fait ceſſer *c* la Subſtitution, nonobſtant le §. *in bello,* en ladite loy *qui duos* , parce qu'en l'eſpece qui y eſt propófée, le fils pubere & impubere eſt touſiours preſumé en faueur de ſa mere, auoir furueſcu à ſon pere , comme dit la Gloſ. en cét endroit. Si de meſme vn teſtateur ayant fait deux ſiens fils heritiers , & au dernier mourant d'iceux auroit ſubſtitué en ſa part Seius , s'il arriue que les deux heritiers meurent enſemble par ruyne , ou par naufrage , & qu'on

b ſelon la l. 17. ex facto §. ſi quis autem fuſceperit ff. ad trebell. c par la loy 10. qui duos §. fin. & la l. 23. cum pubere & la loy ſuynante ff. de reb. dub.

qu'on ne sçache qui des deux est mort le premier, la Substitution de Seius n'a point de lieu, mais le tout est acquis à
la mere desdits deux *a* heritiers.

QVESTION XLI.

Si l'heritier chargé de fideicommis a des enfans, qui toutesfois ne soient ses heritiers pour ne vouloir estre, ou pour
estre iustement exheredés par leur pere, ils ne laissent pour
cela de faire cesser le fideicommis : mais s'ils ne sont heritiers pour estre incapables, comme s'ils sont deportez, ou
Religieux, lors le fideicommis a lieu : comme si ces enfans
n'estoient pas au monde *b*, surquoy faut voir Mantica au
liu. 11. *de Coniectur. vltimar. volunt. tit.* 6.

QVESTION XLII.

Si l'heritier qui est chargé de rendre, au cas qu'il decede
sans enfans, n'en a point d'autres que de naturels, neantmoins legitimez par le Prince, ceux-là excluent-ils le substitué ? Ie dy que non, apres Grass. *c* Mayn. *d* Charondas,
Guid. Pap. *e* & Ferriere, *f* contre l'opinion de Mantica, *g* si
sont bien ceux qui sont legitimez par mariage subsequent,
car ils ont tous les mesmes priuileges que ceux qui sont
nays en legitime mariage : ainsi que Bouchel l'a remarqué
par vn Arrest de Paris, au 3. Tome de sa Biblioteque, sur le
mot Substitution, mesme quand le mariage ne seroit celebré en l'article de la mort du concubinaire, auec la concu-
bine, pere & mere desdits enfans naturels, comme disent
Marcus *h*, Couarr. *i* Tyraq. *k* Grass. *l* Pap. *m* Chenu, la Roche *n* par vn Arrest de Tholose, prononcé en robbes rou-
ges,& *o* Charond. au lieu cité à la marge, soustenant tous
que tel mariage, & vne telle legitimation est capable d'ex-
clure le substitué, à quoy ne peut consentir Maynard, au liure 5. cha. 13. où il tient que telle legitimation n'est capable
pour cela.

a *par la loy* 34. *eum qui ff. ad trebel.*
b *par la loy* 17. *ex facto, ff. ad trebell.*
c *au §. fideicommiss. quæst.* 38. *dau liu.* 5. *c.* 79.
e *au l.* 5. *des Resp. ch.* 65
f *en la qu.* 482.
g *au liu.* 11 *de coniect. tit.* 10.
h *Decis.* 684. *vol.* 2. *tit. de spons. ch.* 8. *§.* 2.
i *en la l. Si vnquã, sur le mot, suceperit. C. de reuoc. donat.*
k *au lieu cité.*
l *au li.* 20. *tit.* 3. *arr.* 5.
m *quest.* 17.
n *liu.* 6. *tit.* 40. *arrest* 27.
o *au liu.* 7. *des Resp. chap.* 94.

QVESTION XLIII.

Si au temps du decez du teſtateur qui a chargé ſon heritier de rendre ſon heritage à vn autre, les fruicts de fonds hereditaires eſtoient ſeparez de leur racine, comme raiſins & froment, bien que non preſſez, ny mis en gerbe, cela augmente-il l'heritage, & s'ils ſont ſubiects à reſtitution, auſſi bien que la proprieté deſdits fonds? Ie dy qu'ouy, apres Maynard, au liur. 5. chap. 61. Comme de meſme ceux qui au temps du decez dudit heritier fiduciaire ſont encore en racine, & neantmoins meurs, ils appartiennent au ſubſtitué, non aux heritiers de l'heritier, quand bien le lendemain du decez dudit heritier, ils euſſent eſté coupez & recueillis, par la loy 42. *herennius ff. de vſur.* & la loy 13. *Si vſufructuarius, ff. quibus mod. vſufruﬀr. amittit.* & comme dit Expylli auoir eſté iugé à Grenoble, au chap. 6. de la 2. partie.

QVESTION XLIV.

Si ie laiſſe quelque choſe à Titius, payable quand il aura des enfans, & que Titius decedant laiſſe ſa femme enceinte, ce legat ſera-il deu à ſon enfant poſthume? Ie dy *a* qu'ouy.

a par la loy 19. Sed & ſi ad tempus ff. ad trebell.

QVESTION XLV.

Vne mere fait heritier ſon fils, & le charge de rendre quelque choſe de ſon bien à vn autre fils, quand leur pere ſera decedé: donnant par la à entendre qu'elle ne deſire pas que ſon mary, pere de ce fideicommiſſaire particulier, iouyſſe de l vſufruict de la choſe laiſſée par fideicommis. Le pere emancipe cét autre fils, on demande ſi des le iour de l'emancipation le legataire, ou fideicommiſſaire particulier, n'a pas droict de demander le fideicommis, ſans attendre que ſon pere ſoit decedé; & dit-on qu'ouy, d'autant que

le

le temps que la teſtatrice attendoit, auquel le fideicommiſſaire peut plainement iouyr de la choſe laiſſée , eſt arriué;
ſçauoir depuis l'emancipation faite du fils. Par la loy 11.
fideicommiſſa §. *Si in is cui fuerit ff. de leg.* 3. & ſelon Graſſ.
au §. *legatum, quæſt.* 37.

QVESTION XLVI.

L'heritier fiduciaire qui a fait des reparations , & des dé-
penſes ſur l'heredité reſtituable, ne les peut-il pas retenir en
rendant l'heredité ? Ie dy qu'ouy , *a* par la l. 40. *qui exce-*
ptionem §.1 *ff. de condiʒ. indebiti,*& ſe peut auſſi retenir tout
ce que le teſtateur *b* luy deuoit; ce que ie croirois eſtre veritable, s'il a accepté l'heritage ſoubs benefice d'inuentaire,
autrement non , ſelon *c* Maynard , & *d* Charondas : Si toutesfois l'heritier a jouy de l'heritage plus long-temps qu'il
ne luy eſtoit permis par le teſtament, en ſorte qu'il ait receu des fruiʒts à l'équipolent de la debte, il ne la peut *e* detraire.

QVESTION XLVII.

Si les choſes hereditaires ſont poſſedées par tierces perſonnes , & à eux acquiſes par preſcription : comme auſſi ſi
les debtes aʒtiues de l'heredité ſont preſcriptes par les debiteurs, cauſant la négligence de l'heritier , on demande ſi
tout cela ne doit pas eſtre imputé & precompté ſur les
droiʒts à luy appartenans ſur l'heredité , comme ſont ſa legitime & trebelliani que,& dit on *f* qu'ouy.

QVESTION XLVIII.

S'il aduient que l'heritier fideicommiſſaire vende , donne , ou autrement diſpoſe des choſes hereditaires auant le
temps & la condition ſoubs laquelle le fideicommis luy
doit eſtre rendu; & puis apres le temps & cette condition

Q arriuent

arriuent, on demande ſi ces ventes & alienations ſont bonnes ? & dit-on qu'ouy, par la ſuruenance *a* du droict.

QVESTION XLIX.

Vn teſtateur fait deux heritiers, à la charge de rendre l'heritage à celuy des enfans de Pierre, qu'entr'eux ils eſliront. L'vn d'iceux decede ſans faire l'eſlection, on demande ſi l'autre ſeul la peut faire, & eſt reſpondu que non : tellement que tous les enfans de Pierre ſeront appellez également *b* à cette Subſtitutiõ : mais s'il n'y auoit qu'vn heritier, qui deuſt faire cette eſlection, & fuſt decedé ſans la faire, auroit il peu mander, ou commettre à ſon heritier de la faire ? Ie dy que *c* non.

QVESTION L.

En matiere de fideicommis laiſſé à pluſieurs perſonnes, ou à l'vne d'icelles, qu'eſt ce qu'il faut principalement regarder ? Il faut faire conſideration à l'affection du teſtateur, & auec quel ordre il a procedé en nommant leſdites perſonnes. Par exemple, poſons le cas qu'vn mary ait ainſi parlé en ſon teſtament : Ie fais ma femme heritiere, & veux qu'elle rende mon heritage à mes enfans, ou à celuy d'eux qui ſera viuant quand ma femme decedera ; ou bien à quelqu'vn de mes neveux, ou à tel autre de toute ma parenté qu'elle voudra. Cette-cy ayant enfans & neveux, elle ne pourra rendre l'heritage, ſinon aux enfans & à celuy qui luy ſuruiura : & à defaut d'enfans, y ayant des neveux & des autres parens plus eſloignez en conſanguinité, elle ne devra rendre l'heritage, ſinon aux neveux : mais les neveux manquans, ce ſera à ſon choix de rendre l'heritage de ſon mary à tel autre autre parent dudit mary que bon luy *d* ſemblera.

a par la loy 56. filiam fratribus ff. ad trebell. & de la loy 17. fundnm ff. de fundo dotali.

b ſelon Charond. au liu. 3. des Pãd. chap. 10. par vn Arreſt de Paris.

c par la loy 43. Si quis arbitratu, & la l. fin. ff. de verb. obligat. verſ. exunci.

d par la loy 57. haredes mei §. fin. ff. ad trebel- & par la l. 77. cum pater §. penult. ff. de hæg. 2.

QVESTION LI.

Il y a certaines conditions que les testateurs mettent
quelquesfois en leur testament, & aux Substitutions, lesquelles la loy remet, & les tient comme non apposées, nonobstant qu'elles ne soient ny impossibles, ny deshonnestes,
mais possibles & honnestes, & ce au proffit du Substitué.
Par exemple: Ie fais mon heritier Pierre, & veux qu'il rende mon heritage à sa sœur Lucia, si elle ne se marie point:
Lucia se marie, ie demande si Pierre ne sera pas aussi bien
obligé de rendre mon heritage à Lucia, que si elle ne s'estoit
pas mariée? Ie respons *a* qu'ouy, apres Grass. *b* Maynard *c*
& *d* Chatond.

a par la l. 65. seruo § si testator rogasset ff. ad trebell. b au §. legatum, qu. 54. c au liu. 8. chap. 93. d au liu. 3. des Pand. chap. 10.

QVESTION LII.

Vn testateur fait heritier son fils, non marié, & le charge d'vn fideicommis: Ce fils se marie par apres, & reçoit
vne dot de sa femme, on demande si pour cette dot il
peut hypothequer les biens subiets à Substitution; la *e* glos.
Bart. & *f* Grass. tiennent qu'ouy, suyuis de *g* Maynard, puis
que c'est en ligne descendante: mais si c'est en ligne collaterale, comme si vn frere fait heritier son frere non marié,
& le charge de fideicommis, au proffit de quelque autre
frere; Ce frere heritier & non marié ne peut (pour la dot
qu'il prend de sa femme) engager ledit fideicommis, comme disent le mesme Maynard, *h* la Roche, *i* Loüet & Bro
deau en la lettre D. nombr. 21. par plusieurs Arrests de Paris: & disent encore lesdits Loüet & Brodeau qu'en ligne
descendante, & aux enfans du testateur au premier degré,
ils ne pensent pas qu'il soit permis d'hypothequer les biens
d'vne Substitution pour la dot qu'ils prennent de leur femme; sinon à deffaut d'autres biens propres de l'enfant heritier qui se marie: mais pour l'augment & autre aduantage
que le mary fait à sa femme, s'il n'est que conuentionnel, les

e en l'autent. res que C. communit. de legat. f au §. fideicommissum quast. 17. g au liu. 3. chap. 18. h au liu. 3. chap. 18. i au liu. 2. tit. 6. Arr. 4. & liu. 6. tit. 41. Arrest 9. & 15.

Q 2　　biens

biens ſubjects à Subſtitution ne peuuent eſtre hypothequés, ny *a* alienées, ſelon *b* Ferriere, *c* Charondas, & la *d* Roche. Si ſont bien pour vn augment couſtumier & municipal; ainſi que dit Charondas auoir eſté iugé à Paris, au liure 6. des Reſponſ. chap. 71. de meſme peut bien vn heritier chargé de rendre vn heritage, vendre des biens reſtituables à concurrence des legitime & trebellianique qui luy ſont deuës ſur ledit heritage, ou pour payer les legats & debtes hereditaires *e*, ou pour payer ſa rançon (s'il aduient qu'il ſoit fait priſonnier de *f* guerre) ou pour du prix proue-nu des fonds vendus, en achepter d'autres de ſemblable, ou plus grande valeur, leſquels neantmoins il eſt obligé de rédre, tout de meſme qu'il eſtoit obligé de rendre les fonds alienez par la loy 72. *Imperator* §. *final.* & la loy ſuyuante *ff. de leg.* 2.

a par l'au-tentent. de reſtit. & ea qua parit. I I.menſe.
b en la que-ſtion de Guid. Pap. 96.
c au liu. 8. des Reſp. chap 30.
d au liu. 2 tit. 6. Arr. 20. lequel la Roche neantmoins §. res qua, Adelaſian. au 3. tome de ſa Bibliotheque, ſur le mot Subſtitution, par vn Arreſt de Tholoſe.
e ſe contredit ſur le mot mariage, Arreſt 49. *c* par la loy 3. Marcellus & là la Gloſ. ſur le mot res qua ff. ad trebell. *f* ſelon Bened. ſur le mot nomb. 725. 826. & la Roche au tit. des Subſtitut. Arreſt 2. & Bouchel

QVESTION LIII.

Arnaud inſtituë Iean ſon neveu, & s'il decede ſans enfans maſles luy ſubſtituë vn Hoſpital : Iean eſpouſe Marguerite, de laquelle il reçoit vne ample dot, & de ce mariage n'eſt procrée qu'vne fille, apres la naiſſance de laquelle meurt Iean heritier ſon pere. Le Sindic dudit Hoſpital (attendu que ledit heritier eſtoit decedé ſans enfans maſles) pretend la Subſtitution eſtre ouuerte à ſon proffit ; & par Arreſt de Tholoſe il obtient, & les biens dudit Arnaud luy ſont ad-iugez : apres ledit Arreſt ladite Marguerite repete ſa dot ; le Sindic luy dit que l'heritier ſon mary eſtoit collateral au teſtateur, partant que de l'heritage reſtituable il ne pouuoit diſtraire aucune legitime, moins trebellianique ; veu qu'vne cauſe pie eſtoit ſubſtituée, ſçauoir l'Hoſpital : ladite Marguerite replique, que ſi de ce coſté là elle ne fait à re-ceuoir,

ceuoir, au moins l'autent. *res quæ C. communia de legat.* luy
eſtoit fauorable, voulant qu'vn heritage reſtituable puiſſe
eſtre engagé pour vne dot, & que dudit heritage ladite dot
en doit eſtre diſtraicte : ledit Sindic replique que ladite
autent. *res quæ*, n'auoit lieu, ſinon aux heritiers deſcendans, & non aux collateraux : la Cour declara ladite Marguerite non receuable en la repetition de ſa dot, comme dit
Charondas, au liure 7. de ſes Reſponſ. chap. 160.

QVESTION LIV.

Vn teſtateur fait heritier vn des deux fils qu'il a en la
moitié de ſon heritage, & ſa femme en l'autre ; à laquelle
femme il ſubſtituë les deux fils : l'vn decede deuant la mere,
laiſſant vn enfant, apres decede la mere, l'on a demandé à
la Cour de Parlement de Paris, ſi cét enfant deuoit ſucceder à ſon ayeule en meſme temps que l'autre fils ſon oncle ;
& fut iugé que non, comme a remarqué le ſieur Loüet en
la lettre S. nombre 8. autre choſe eut eſté ſi au lieu que la
femme fuſt heritiere, vn autre enfant du teſtateur fuſt eſté
heritier, car lors la tranſmiſſion auroit eu *a* lieu. Pareillement ſi vn fils fait heritier ſa mere, & luy ſubſtituë deux
ſiennes ſœurs, l'vne deſquelles decede auant la mere, laiſſant enfans, puis apres la mere decede : fut iugé à Paris,
teſmoin Charondas, au liu. 7. des Reſponſ. chap. 150. que
les enfans de la fille decedée auant la mere, n'auoient point
de part en la Subſtitution : mais que le tout appartenoit à
la ſœur ſuruiuante.

a par la loy
27. illa ta-
men §. ſi
pater ff. ad
trebell.

QVESTION LV.

Si de deux coheritiers l'vn eſt chargé de rendre ſa part au
fils de l'autre, premier decedé, lequel premier decedé a
laiſſé des fils & des filles, on demande ſi la part du dernier
decedé appartiendra auſſi toſt aux filles qu'aux fils du pre-

 mier

mier decedé ; & est respondu qu'ouy, par ce que le fils contient sous soy le nom de filles, par la loy 16. *quisquis ff. de verb. signif.* & par argument de la loy 5. *si quis*, & la Glo. là dessus *ff. de testament. tutela.*

QVESTION LVI.

De deux coheritiers l'vn est chargé de rendre sa part à l'autre, en receuant de luy cent escus; ie demande maintenant comme celuy qui doit donner les cent escus, peut contraindre l'autre à luy rendre sa part, en est-il de mesme en celuy qui doit rendre sa part pour pouuoir contraindre celuy qui doit bailler les cent escus à les bailler, & receuoir ladite part? Ie dis qu'ouy, par la loy 11. *fideicommissa §. cum effect ff. de leg. 3.*

QVESTION LVII.

Toutes & quantesfois qu'vn testateur charge son heritier de rendre son heritage, cela se doit-il entendre, soit que l'heritier laisse des enfans, ou non? Le Iurisconsulte Papinian, en la loy 101. *cum auus ff. de condit. & demonstr.* & l'Empereur Iustinien en la loy 30. *cum acutissimi C. de fideicommiss.* decident cette question, en disant; que si l'heritier laisse des enfans suruiuans, soyent fils ou filles, neveux ou niepces, tenans le premier rang de suité, il n'est obligé de rendre l'heritage au substitué; notamment si l'heritier est enfant du testateur : mais si vn descendant fait heritier son ascendant : ou vn collateral son collateral, à la charge de fideicommis, les enfans de cét ascendant ou de ce collateral, n'empeschent pas que l'heritage ne doiue estre rendu à celuy à qui le testateur a ordonné qu'il fut rendu. *a* La premiere conclusion (neantmoins par laquelle nous auons dit qu'vn descendant, qui a esté fait heritier par son ascendant, à la charge de fideicommis, n'est obligé de rendre l'heritage, s'il decede, aux enfans) n'a lieu, premiere

miere

a *selon Grass. au §. fideicommissum, qu. 22. & Mayn. au liu. 5. chap. 83.*

mierement aux enfans naturels dudit heritier defcendant:
car tels enfans naturels n'empefchent point qu'ils ne doiuent rendre **a** l'heritage : fi ce n'eft que ces naturels foyent
par apres legitimez par le Prince , ou par mariage fubfe-
quent celebré entre leur pere & mere. Toutesfois Mayn.
au liure 5. chap. 79. tient que les legitimez par le Prince,
n'empefchent pas le fideicommis. Secondement , ladite
conclufion n'a lieu , quand le teftateur a fait vn legat à chacun des enfans de l'heritier inftitué,& decedé, payable par
le fubftitué , comme s'il a dit:Ie fais heritier Pierre mon fils
à condition de rendre mon heritage à Iean ; & ce Iean ie le
le charge de payer cent efcus à chacun des enfans de Pierre : car lors les enfans de Pierre n'excluent point le fubftitué , felon Craff. au §. *fideicommiffum* , *quaft.* 21. citant
Mantic. *de conieƈtur. vltimar. volunt. liu.* 10. *tit.* 7. Troifiéme, quand l'enfant naturel & legitime du teftateur, & heritier par luy inftitué , eft chargé pendant fa vie de rendre
fon heritage à vn autre ; car lors comme le teftateur a preferé cét autre à fon propre enfant ; auffi l'a-il preferé aux enfans de fon enfant,felon la Glo. de la loy *cum acutifsimi*,fur
le mot *vitam fuam,C. de fideicommiff.*& Graf. au §. *fideifcom.*
*qu.*28.& Mayn. au liu. 5. ch. 85. par vn Arreft de Tholofe.
Quatriéme, quand le teftateur a fait heritier fon fils , & vn
fien frere également , & les a chargé reciproquement de fe
rendre l'heritage l'vn à l'autre : car lors côme les enfans du
frere inftitué n'empefchent pas qu'il ne doiue rendre fa
part au fils du teftateur : auffi les enfans du fils ne doiuent
pas empefcher qu'il ne foit obligé de rendre fa part au frere
du teftateur , autrement ce feroit contreuenir à la nature
de la reciproque Subftitution , laquelle doit également
charger l'vn & l'autre des coh ritiers : c'eft ainfi que le
tient Alex. en ladite loy *cum a^{cs} mi.* Cinquiéme,quand
l'enfant & heritier du teftateur n'eft pas chargé de rendre
la totalité , ou quotité de l'heritage ; comme feroit vn tiers
ou vne moitié : mais vne chofe particuliere feulement,com-
me feroit vne maifon,ou vne fomme : car lors les enfans de

l'heritier

l'heritier n'empeſchent pas qu'il ne doiue rendre le fideicommis particulier, ſelon Maynard au liure 5. chap. 84.
par des Arreſts de Paris, & de Tholoſe.   Sixiéme, quand
vne cauſe pie eſt ſubſtituée , comme vne Egliſe , ou vn
Hoſpital : car lors quels enfans que l'heritier laiſſe apres
luy , ils ne font pas ceſſer la ſubſtitution. Toutesfoit Balde
tient le contraire en ladite loy , *cum acutiſsimi,* & ſelon ſon
opinion a eſté iugé à Paris & à Tholoſe , teſmoin Maynard
au liure 5. chap. 84.   Septiéme, quand le fils & heritier du
teſtateur, à la charge de rendre, ne laiſſe point d'enfant qui
ne ſoit deporté , ou Religieux , ou autrement tenu pour
mort dans le monde : car ces enfans n'excluent point le
ſubſtitué , ſelon Bartole en la loy 1. §. *Si pater ff. de coniun-*
gend. cum emancip. liber. Graſſ. au §. *fideicommiſſum quæſt.*
32. alleguant Mantica, *de conieƈtur. vltim. volunt. liu.* 11.
titul. 6.

QVESTION LIX.

Vn heritier chargé de rendre vn heritage à vn autre , &
ne faiſant point faire d'inuentaire des biens ſubieƈts à reſtitution , eſt·il priué de ſa trebellianique ? Cette queſtion a
eſté ſi long-temps conteſtée, & agitée par les Doƈteurs qui
en ont parlé ſi diuerſement, que la reſolution en eſt encore
tout à fait incertaine ; ſi bien que pour la rendre certaine &
indiſputable , il ſeroit à propos d'en voir vne conſtitution,
ou vn Ediƈt ſouuerain : en premier lieu Bart. Alex. & Iaſ.
en la loy *Marcellus ff. ad trebell.* Paul de Caſtre au Conſeil
164. Peregrinus en l'art. 3. nombre 73. 74. Maynard au
liure 5. chapitre 68. tiennent tous vniformement qu'il n'en
doit pas eſtre priué. Le contraire eſt tenu par Balde , &
Salicet. en l'autentique *Sed cum teſtator C. ad leg. falcid.*
par Molin. en ſon addition, ſur Alex. au Conſeil 67. vol. 4.
& Conſeil 29. vol. 5. par Couarr. au chap. *Raynutius* §. *11.*
extraƈt. de teſtam. par Charond. en paroles fort expreſſes
au liure 3. des Pand. chap. 12. & au liure 33. des Reſponſ
chapitr.

chap. 68. par Brod. en Loüet , sur la lettre S. nom. 42. &
par Ferrier en la question de Guid. Pap. 53. sçauoir que ledit heritier pour auoir accepté l'heritage (sans auoir fait
faire inuentaire des choses hereditaires) merite d'estre priué de sa trebellianique ; & la raison de cette derniere opinion (laquelle est la plus suiuie, & la plus commune) est le
seul & euident dol duquel ledit heritier a voulu vser enuers
le fideicommissaire , en luy voulant oster la connoissance
desdites choses hereditaires , lesquelles par l'heritier luy
deuoient estre renduës.

QVESTION LX.

La detraction de la trebellianique peut elle estre pro-
hibée par le testateur à ses enfans en premier degré ? *a* Ias.
Guid. *b* Pap. Grass. *c* & beaucoup d'autres par eux citez
tiennent que non. Le contraire est tenu par Maynard , au
liu. 5. chap. 47. par Ferrier en la question de Guid. Pap. 51.
pourueu que la prohibition soit faicte par paroles specifiques , ne suffisant les equipolentes ; De sorte que si le
testateur qui voudroit prohiber à son fils heritier la detraction de la trebellianique , parloit de la sorte : Ie veux que
mon fils rende tout mon heritage à Seius , cela ne suffiroit
pas pour induire vne prohibition de detraction : mais il
faudroit auoir parlé de la sorte ; Ie defens à mon fils la detraction de la trebellianique , & pour cette opinion y a Arrest de Paris dans Papon, au liu. 10. tit. 3. Arrest 19. & dans
Charond. au liu. 7. des Responses, chap. 62. mais pour la
deffendre aux heritiers collateraux , chargez de rendre vn
heritage , à d'autres collateraux du testateur , les paroles
equipolentes suffiroient , ainsi que disent les mesmes Guid.
Pap. Ranchin, & Ferrier , en la quest. 51. & 537.

a en la loy marcellus ff. ad trebel.
b quest. 51.
c au §. fideicommis. sum, quest. 52.

QVESTION LXI.

De quelle sorte de fideicommis n'a on pas pouuoir de de-

traire la trebellianique ? Ie dy que de trois ſortes , la premiere d'vn fideicommis laiſſé à pies cauſes, ſelon Guid. Pap.
Ranchin, & Ferrier en la queſt. 188. La ſeconde, d'vn fideicommis reſtituable par vn heritier , qui n'a eſté inſtitué
qu'en choſe particuliere, comme ſi le teſtateur apres auoir
fait vn heritier vniuerſel, en fait vn autre en choſe particuliere, par exemple en vne maiſon,& le chargeroit de rendre
cette maiſon à vn tiers ; car de cette maiſon il n'en pourroit
deduire la trebellianique. *a* Le troiſiéme, quand c'eſt vn legataire qui eſt chargé de rendre la choſe leguée à vn autre,
car de ce legat il n'en peut *b* deduire la trebellianique.

QVESTION LXII.

Si vn teſtateur a ainſi parlé en ſon teſtament, Ie veux que
mon heritier rende mon heritage à Seius, ſans detraire la
trebellianique : & pour Seius,ie veux de meſme qu'il la rende à Lucius, & n'aura point adiouſté ces mots (ſans detraire la trebellianique) cette clauſe doit elle eſtre ſoubs-
entenduë au ſecond fideicommis laiſſé de Seius à Lucius ?
Ie dy qu'ouy, apres Guid. en la queſt. 592. De ſorte que ſi
Seius premier ſubſtitué,*c* reçoit l'heritage des mains de l'heritier , & la veut rendre à Lucius, il ne luy eſt pas permis
d'en retenir la trebellianique : mais ſi Seius preuue l'heritier auoir eſté chargé de rendre l'heritage à Seius ſans aucune prohibition de trebellianique, & qu'il l'ait toute ren-
duë ſans en auoir rien reſerué , voulant en cela faire grace
à Seius : lors ſi Seius la veut puis apres rendre à Lucius, il
luy ſera permis de detraire ce que le premier heritier n'a pas
detraiⅽt voulant fauoriſer *d* Seius.

QVESTION LXIII.

Le cas de reſtitution aduenant , & le fideicommiſſaire
trouuant des biens de l'heredité alienez , a il le choix de
les vindiquer, ou de les imparer en la legitime,que l'heritier
pouuoit

peuuoit detraire de l'heritage , en cas qu'elles y eschéen[t]
toutes deux ? Ie dy qu'ouy, selon Maynard au liu. 6. chap. 8.
& 74. & le proffit de ce choix est en ce que si lesdits biens
n'ont esté alienez ce qu'ils valent , voire sans lesion d'autre
moitié de iuste prix, le fideicommissaire les retirera pour le
prix qu'ils ont esté vendus : Charondas toutesfois estime
estre plus equitable d'imputer lesdits biens en ladite quarte,
ou quartes dudit heritier , que de dõner choix au fideicommissaire , lequel choix n'engendreroit que des procez entre
le fideicommissaire & le detenteur ; & d'ailleurs qu'on sçait
bien que l'heritier peut prendre sa legitime & quarte trebellianique en fonds & corps hereditaires, pourueu que les
fonds qu'il retiendra n'excedent lesdites quartes.

QVESTION LXIV.

Si l'heritier chargé de rendre vn heritage (en cas qu'il decede sans enfans) iouyt long-temps de cét heritage attendant cette condition, & perçoit les fruicts , & puis apres decede sans enfans , on demande si les fruicts que pendant vn
si long-temps il a perceu ne seront pas imputables en sa trebellianique ? Ie dy que s'il estoit enfant du testateur, ils ne
seront pas imputables, *a* si seroient bien s'il estoit estranger,
à quoy qu'ils reuinssent *b* ; Si toutesfois l'enfant heritier du
testateur doit rendre l'heritage dans vn certain temps limi-
té par le testateur , & que ce temps estant passé on l'inter-
pelle de le rendre ; à quoy il fait refus , & jouyt tousiours de
l'heritage , en ce cas il imputera en sa trebellianique les
fruicts qu'il aura perceu apres cette interpellation.

QVESTION LXV.

Vn testateur riche de quatre cens escus, fait heritier Pierre, & le charge de rendre l'heritage à Iean , en receuant de
luy cent escus, qui font le quart de l'heritage , & ces cent
escus encore : le mesme testateur veut que Pierre les rende

à François quand il mourra : Pierre accepte l'heritage auquel Iean la demande en luy offrant cent eſcus , leſquels Pierre ayant receu , il veut encore retenir la trebellianique des trois cens eſcus reſtans, on demande s'il le peut faire : ce qui fait le doute, c'eſt qu'il a ja receu cent eſcus faiſans le quart de l'heritage,& ayant receu le quart,il ne peut retenir vn autre quart , car ce ſero it la moitié dudit heritage:mais reſpond que les cent eſcus qu'il a receu ne luy demeurent point, puis qu'il les doit rendre à François : & pour cette raiſon ie dy qu'il y a lieu qu'il puiſſe encore garder ladite *a* trebellianique , mais ſi le teſtateur euſt ſimplement dit: Ie veux que Pierre rende mon heritage à Iean, en receuant cent eſcus, leſquels il n'a pas dit qui les deuoit donner, & n'a pas chargé Pierre de les rendre , il les receura de Iean , ou bien luy meſme les retiendra, & les imputera en ſa trebellianique.

a par la loy 93. acceptis ff. ad leg. falcid.

QVESTION LXVI.

I'ay fait heritier Pierre, & legué vne maiſon à Iean (s'il donne cent eſcus à Pierre) apres ie charge Pierre de rendre mon heredité à François , ce qu'il fait : Iean demande la maiſon, il eſt queſtion de ſçauoir à qui il baillera les cent eſcus, ou à l'heritier, ou au fideicommiſſaire ? Ie dy qu'il les doit bailler à l'heritier, lequel n'eſt obligé de les rendre à François , veu qu'ils ne luy ont eſté donnés comme à vn heritier, mais comme à vn *b* eſtranger.

b par la loy 44. qui haredi §. cum hareditas ff. de condit. & demanſt.

QVESTION LXVII.

En ſubſtitution fideicommiſſaire ſi l'heritier eſt ſimplement chargé de rendre l'heritage à vn autre ſans determination de temps , comme ſe doit entendre cela, ou auant le decez de l'heritier ou apres ? Ie dy que c'eſt apres le decez dudit heritier:par la l.8.*Si legatarius §.cum ita,*& la l.21 *fideicommiſ.§. Si filio ff. de leg. 3.* & la l.75. *epiſtolã §.fin. ad trebell*

trebell. Semble neantmoins qu'à cela eft contraire ce que
nous auons dit en la 16. queftion du Traitté de la vulgaire fubftitution : mais il faut dire qu'en l'efpece icy propofée , i'entends parler d'vne fubftitution fideicommiffaire
conceuë en termes obliques, fçauoir de rendre : mais en
l'efpece propofée en la queftion 16. les termes font communs, & non obliques , & pluftoft s'accommodans à la
vulgaire fubftitution, qu'à la fideicommiffaire.

QVESTION LXVIII.

Le cas de fubftitution aduenant , on demande fi le fubftitué doit eftre faifi des biens fuiets à fubftitution auparauant que de proceder aux detraƈtions ; ou bien s'il faut
proceder aux detraƈtions auparauant que le fubftitué puiffe iouyr des chofes hereditaires. Le Sieur de la Roche, Pre-
fident à Tholoufe , fur le mot Subftitution, Arr. 1. dit que
fi le fubftitué eft enfant du teftateur , il doit eftre mis en
poffeffion des chofes hereditaires , & puis apres entre fes
mains il faut proceder aux detraƈtions : autant en dit Bouchel au 3. Tome de fa Bibliotheque , fur le mot Subftitutions, & le preuue par vn arreft de Tholoufe.

QVESTION LXIX.

Le iour & condition aufquels vn heritage doit eftre rendu à tiltre de fideicommis , eftans arriuez , le fideicommiffaire fe peut-il pouruoir poffeffoirement , voire prendre
poffeffion des chofes hereditaires , fans les demander aux
heritiers ou fucceffeurs de l'heritier fiduciaire par la couftu-
me de France , voulant que le mort faififfe le vif ? Ie dy
qu'ouy, par le chap. 8. *In præfentia ext. de probat.* & par la
loy 14. *In fuis ff. de fuis & legitimis.* felon Bened. en la matiere de la fideicommiff. fubftitution, nom. 85. & fur le mot
mortuo itaque teftatore, 2. num. 71. Pap. au liu. 20. tit. 3. arr.
22. & Mayn. au liu. 3. chap. 52. & liu. 7. chap. 1. lequel

R 3   Bened.

Bened. appreuue cette couſtume par le texte de la l. 41.
Raptores en ces mots, *plenam poſſeſsionem. C. de Epiſc. &*
Cleric, notamment ſi le ſubſtitué eſt des enfans du teſta-
teur, comme dit Pap. en l'arr. 24.

QVESTION LXX.

Vn legataire de choſe particuliere a eſté prié par le teſtateur de rendre cette choſe à vn autre quand il mourra :
aduient que le fideicommiſſaite decede auparauant le le-
gtaire, on demande ſi cette choſe eſt touſiours ſujette à
fideicommis ? Ie dy que non , & quelle demeure au legataire, & aux ſiens par la l. 60. *Iulianus ff. de leg.* 2.

QVESTION LXXI.

Titius fait teſtament , inſtituë Seius, & à Claude donne
ſes alimens. Seius fait encore teſtament , inſtituë Sempronius, & au meſme Claude legue vne vigne pour ſe nourrir:
Claude demande à Sempronius la vigne: Sempronius la luy
offre , pourueu qu'il renonce au legat contenu au teſtament de Titius , lequel eſt des alimens : on demande ſi
Claude eſt obligé d'y renoncer, & on reſpond que ce ſera
à ſon choix, auquel des deux legats il ſe voudra tenir, mais
pour les auoir tous deux, il ne le pourra : on demande encore qu'eſt-ce que de ces mots (pour ſe nourrir) on peut induire auoir eſté legué à Claude, ou la proprieté de la vigne,
ou les fruicts pendant ſa vie tant ſeulement ? Ie dy que c'eſt
la *a* proprieté.

QVESTION LXXII.

Vn fils de famille marié, emancipé, & ayant enfans de
ſon mariage, fait heritier ſon pere à la charge de rendre
l'heritage à vn des enfans du teſtateur que bon ſembleroit
audit pere, le pere rendant puis apres l'heritage à vn des
enfan.

enfans du teftateur, fon fils le veut charger de fideicommis, & de rendre ledit heritage à vn autre enfant dudit tefta-teur : on demande s'il le peut faire ? Ie dy que non , & que ledit pere heritier inftitué par fon fils , ne peut en ren-dant l'heritage à fon petit fils, le charger d'aucun autre fi-deicommis , ny de condition.

a par la loy 67. vnum ex familia §. fed & fi fundum. ff. de leg.2.

QVESTION LXXIII.

Vn teftateur charge fon heritier de rendre quand il mourra l'heritage à Titius : de quelle mort faut-il que cela s'entende, ou de la naturelle, ou de la ciuile ? Le texte de la loy 48. Statius §. *fin. ff. de iure fifci* , & la glo. du chap. 5. *Sufceptum De reg. iur. in* 6. Mant. liu. 11. *de coniectur. vlt. volunt. tit.* 7. Graff. au §. *fideicommiffum quæft.* 41. Pap. liu. 24. tit. 5. art. 1. 3. & au premier Tome des Notaires en la matiere de la fideicommiffaire Subftit. Mayn. liu. 5. tit. 76. Expylli en fon plaidoyé 29. & Monthol. en l'arr. 175. difent qu'il ne fuffit pas que cét heritier foit mort ciuile-ment , c'eft à dire qu'il fe foit rendu Religieux , & fait pro-feffion, ou qu'il ait efté condamné à peine perpetuelle : mais qu'il faut qu'il foit decedé naturellement; toutesfois le con-traire eft tenu par la glo. de l'autent. *de nuptiis* , fur le mot *lucrum,* par Charond. au liu. 8 des refponf. chap. 50. par Mayn. au liu. 7. chap. 18. 75. par Bouchel au 3. Tome de la Bibliotheque , fur le mot (Subftitution) par vn arreft de Bourdeaux , difans tous trois que dés le iour que l'heritier a fait profeffion de Religion , la fubftitution eft ouuerte au profit du fubftitué : & partant en ce cas la mort ciuile eft accomparée à la naturelle.

QVESTION LXXIV.

Le fideicommiffaire non né lors que la reftitution luy doit eftre faite , peut-il apres fa naiffance faire demande du fideicommis : par exemple , Iean inftitué Pierre , & s'il

meurt:

meure ſans enfans, ſubſtituë les enfans de François, qui
lors n'en auoit point, & n'en eut point ſinon apres le decez du teſtateur, & de l'heritier decedé ſans enfans, ie demande : les enfans de François nez apres le decez de l'heritier, peuuent-ils pretendre quelque droit au fideicommis?
Ie dy que non, par vn arreſt de la Cour de Parlement de
Paris, remarqué par Monthol. art. 84.

QVESTION LXXV.

Nous voyons d'ordinaire que dans les teſtamens con-
tenans ſubſtitution, en cas que l'heritier decede ſans enfans, les Notaires par leur ſtyl accouſtumé mettent ces
mots (ſans enfans naturels & legitimes): Ie demande ſi ces
mots, naturels & legitimes, ne ſont pas ſuperflus, & s'il ne
ſuffiroit pas de mettre ſimplement ces mots, ſans enfans :
Ie dy qu'ouy, & qu'il n'y auroit ſuiet d'apprehender que
les enfans naturels ſeulement, ou legitimes ſeulement, que
l'heritier chargé de rendre l'heritage, auroit procrée, ou
adopté, & laiſſé ſuruiuans apres ſoy, fuſſent capables de
faire ceſſer le fideicommis, & d'eſloigner le ſubſtitué. Il
ſuffit donc aux Notaires d'exprimer ces mots, ſans enfans,
ſous leſquels mots faut touſiours ſouſentendre ceux-cy, naturels & legitimes enſemblement, & non naturels ſeulement, ou legitimes ſeulement : c'eſt la diſpoſition de la loy
25. *fideicommiſſam ff. de condit. & demonſtrat.*

F I N.